An Herrn Eric Sarasin
zum Dank für Ihre
Unterstützung des
Benefizkonzert mit St Galetta

Wie Hans Rudolf Herren 20 Millionen Menschen rettete

HERBERT CERUTTI

Wie Hans Rudolf Herren 20 Millionen Menschen rettete

Die ökologische Erfolgsstory eines Schweizers

orell füssli

Lektorat: Regula Walser, Zürich
Korrektorat: Judith Blumenthal, Magadino
Projektidee und Verlagsberatung: Gian Laube, Orell Füssli Verlag AG, Zürich
Gesamtgestaltung und Satz: Doris Grüniger, Buch und Grafik, Zürich
Umschlagfoto: Peter Lüthi, Biovision
Druck: fgb – freiburger graphische betriebe, Freiburg
Printed in Germany

Dieses Werk erscheint mit Unterstützung von:
Biovision – Stiftung für ökologische Entwicklung, Zürich
Familien-Vontobel-Stiftung, Zürich
Rogau-Stiftung
Nexus-Foundation
Stiftung Fons Margarita, Zürich

ISBN 978-3-280-05409-3

Bibliografische Information der Deutschen Nationalbibliothek
Die Deutsche Nationalbibliothek verzeichnet diese Publikation
in der Deutschen Nationalbibliografie; detaillierte bibliografische
Daten sind im Internet über http://dnb.d-nb.de abrufbar.

Inhalt

Zu diesem Buch

Am Anfang war ein Missverständnis. Im August 2009 erhielt ich von Gian Laube, Leiter Spezialpublikationen beim Orell-Füssli-Verlag, die Anfrage, ob ich Interesse hätte, ein Buch über Hans Rudolf Herren zu schreiben. Laube hatte im Fernsehen einen Beitrag zum Lebenswerk des Schweizer Insektenforschers gesehen und war von dessen Arbeit beeindruckt. Er hatte nach weiteren Informationen gesucht und ausser ein paar Beiträgen in den Medien keine ausführliche Publikation über Herren gefunden. So entstand die Idee, eine Biografie in Auftrag zu geben. Auf der Suche nach einem Autor kontaktierte Gian Laube die von Hans Rudolf Herren gegründete Stiftung Biovision. Andreas Schriber, Geschäftsleiter der Stiftung, nannte meinen Namen, in der Annahme, dass ich Hans Rudolf Herren und seine Arbeit kenne.

Dies war zwar ehrenvoll, aber keineswegs zutreffend. Natürlich war ich in meiner Tätigkeit als Wissenschaftsredaktor bei der «Neuen Zürcher Zeitung» dem Namen des legendären Forschers wiederholt begegnet. Persönlich hatte ich Hans Rudolf Herren jedoch nie getroffen. Und seine Arbeit kannte ich nur vage.

Nachdem das Missverständnis ausgeräumt worden war, kamen Gian Laube und ich doch noch ins Geschäft. Ich interessierte mich sehr für Herrens Forschung und war neugierig, den Mann persönlich kennen zu lernen. Und dafür gibt es wohl keinen besseren Weg, als ein Buch schreiben zu dürfen.

Basis meiner Recherche sollte die Information aus erster Hand, das Gespräch mit Hans Rudolf Herren, sein. Man hatte mich bei der Biovision allerdings gewarnt, mein künftiger Gesprächspartner sei ein ziemlich rastloser Vogel und jeweils nur zu finden, wenn er beim Flattern von einem Ort zum andern in Zürich kurz Zwischenhalt mache.

Dank E-Mail und der Koordination durch die Biovision konnte ich im März und im April 2010 Hans Rudolf Herren zu mehreren langen Gesprächen treffen. Die dabei gewonnene Fülle an Informationen und die sehr offene Art der Diskussion haben mich beeindruckt. Als ergänzende Quellen wertete ich Aufzeichnungen von Fernseh- und Radiosendungen, Artikel in Zeitungen und Zeitschriften, aber auch umfangreiches Material der Stiftung Biovision aus. Für sachliche Details waren zudem Fachpublikationen sowie das Internet mit den spezifischen Sites der Institute und Stiftungen nützlich. Und natürlich die Allerweltskerle Google und Wikipedia.

So ist im Sommer und Herbst 2010 Kapitel um Kapitel entstanden. Je mehr ich über das Leben und Werk von Hans Rudolf Herren lernte, desto grösser wurde mein Erstaunen, dass all dies eine einzige Person zu Wege brachte. Ein Berg von Ideen, Projekten und Programmen, wofür es eigentlich ein halbes Dutzend Leute gebraucht hätte.

Mein Dank gilt in erster Linie Hans Rudolf Herren, dass er in seinem hektischen Berufsalltag die Zeit zum Gespräch gefunden und meine vielen Fragen geduldig beantwortet hat. Hinter dem international geachteten Forscher habe ich einen von Optimismus und Fröhlichkeit erfüllten Menschen entdeckt, der mit seiner Botschaft und dem Rollkoffer unermüdlich durch die Welt zieht und dabei ein Liedchen pfeift. Trotz seinen vielen Kontakten mit wichtigen Persönlichkeiten ist Hans Rudolf Herren unkompliziert geblieben und verzichtet meist auf den zweiten Namen. So heisst er auch in meinem Buch oft nur Hans Herren.

Ein Dank geht auch an die Biovision. Andreas Schriber und Peter Lüthi haben logistische Hilfe geleistet, Alexandra Pellanda war mit der elektronischen Dokumentation und im Bildarchiv sehr hilfreich, und Flurina Wartmann erstellte die im Buch verwendeten Karten. Mein Dank gilt schliesslich auch meiner Frau Chantal, die auf den einen und andern Ausflug verzichten musste oder zu einem reichlich späten Abendessen kam, weil ihr Mann nicht von den Tasten lassen konnte.

Herbert Cerutti, Wolfhausen, im April 2011

Walliser Jugendjahre

Ein Bauernbub wird diplomierter Landwirt

Nach zwei Mädchen in den beiden Vorjahren brachte Emma Herren am 30. November 1947 Hans Rudolf zur Welt. Und sechs Jahre später erhielt der Bub noch eine jüngere Schwester. Die Familie lebte in Vouvry, einem Bauerndorf im westlichsten Unterwallis, auf halbem Weg zwischen Aigle und dem Ostzipfel des Genfersees.

Der Vater, Emil Herren, war zusammen mit seinem Bruder Alfred Anfang der 1940er-Jahre aus Mühleberg bei Bern ins Unterwallis gezogen. Dort herrschte Goldgräberstimmung, denn der Kanton rückte mit einem riesigen Meliorationsprogramm dem Sumpfland entlang der Rhone zu Leibe. Auenwälder wurden gerodet, Kanäle gebaut – aus ehemals wilder Natur wurden begehrtes Acker- und Wiesland. Auf etwa 50 Hektaren, direkt am Ufer der nun gezähmten Rhone, gründete die Aargauer Tabakdynastie Burger Söhne die «Domaine des Barges» und produzierte hier unter anderem den Rohstoff für den legendären «Rössli»-Stumpen. Neben dem Hauptprodukt Tabak wurden als Fruchtfolge auch noch Kartoffeln und Weizen angebaut. Während Alfred bald schon in Bex ein eigenes Gut kaufte und betrieb, blieb Emil Herren als Gutsverwalter auf der Domaine des Barges.

Hochgiftige Agrochemie

Der kleine Hans erlebte am eigenen Leib, was intensive Landwirtschaft damals bedeutete. Zwar nutzte man durchaus die Kräfte der Natur, indem mit der Fruchtfolge die Bodenfruchtbarkeit optimiert wurde: Im Weizenfeld liess man gleichzeitig Klee wachsen, der mit seinen Knöllchenbakterien wertvollen Stickstoff in den Boden brachte. Der Stickstoff kam dann dem nachfolgenden Tabak zugute, und die Kartoffel als dritte Frucht machte den Boden wieder stickstoffarm, was nun wiederum für den Weizen günstig war.

Neben der naturnahen Landwirtschaft zog man auf der Tabakplantage aber alle Register der in Mode gekommenen Agrochemie. Gegen die Raupen der Motten und Nachtfalter, die sich an den Tabakblättern gütlich taten, spritzte man tüchtig Dimecron, ein hochgiftiges Insektizid, das neben den Schadinsekten auch Nützlinge wie Bienen vernichtete.

«Man spritzte damals das Gift auf dem Feld ohne jeden Körperschutz», erinnert sich Hans Herren. «Und wenn dann der Wind durchs Tal blies, hatte ich als Bub nicht selten den giftigen Nebel im Gesicht.» Auch wusch man die Spritzgeräte ungeniert im Freien und spülte das verunreinigte Wasser in den Boden. Die agrochemische Praxis der Burger Tabakplantage hatte einen kurzen Weg. Denn in unmittelbarer Nachbarschaft führte Ciba, die Produzentin von Dimecron, einen grossen Landwirtschaftsbetrieb. Die Tabakplantage stand ihrerseits im Dienst der Agrochemie. In den frühen 1940er-Jahren wurde neben den braunen Deckblättern für Zigarren und Stumpen, dem Pfeifentabak und dem gelben Virginiatabak für Zigaretten auch Tabak in grossen Bassins zu einer braunen Brühe fermentiert, woraus dann für Agrofirmen Nikotin für Insektizide gewonnen wurde.

Die Familie Herren wohnt längst nicht mehr auf der Domaine des Barges. Das Gut gehört aber nach wie vor Burger Söhne. Aus einem Teil des benachbarten Ciba-Versuchsbetriebs ist eine Versuchs- und Forschungsanstalt der Ciba-Nachfolgerin Syngenta geworden, die noch immer Pflanzenschutzmittel sowie Saatgut produziert.

Ob ihn die hartgesottene Chemievergangenheit zum «Grünen» gemacht habe, frage ich Hans Herren. «Nein, keineswegs», sagt er lachend. «Zwar dachte ich damals schon gelegentlich, das viele Gift sei für Mensch und Natur vermutlich nicht so gut. Aber wir kannten nichts anderes und für die moderne Landwirtschaft schien eine solche chemische Behandlung offenbar nötig.»

Jungbauer mit Ambitionen

Nach den Primarschuljahren in Vouvry wusste Hans nicht so recht, was er werden wollte. Deshalb ging er erst einmal für sechs Wochen nach Sion, wo er im Rahmen einer Berufsberatung in den verschiedensten Berufen schnuppern konnte. Schliesslich entschloss er sich für jene Branche, die er von klein auf kannte. Er ging an die Walliser Landwirtschaftsschule Châteauneuf, wo er zwei Winter und einen Sommer lang vom Obst- und Weinbau bis zur Tierhaltung alles lernte, was ein Bauer damals wissen musste. Neben den biologischen Grundlagen wurde auch ein Basiswissen in Agrochemie vermittelt, denn: «Chemie war damals gut und ihr Einsatz in der Landwirtschaft galt geradezu als Erfolgsgarant für ein besseres Leben», erinnert sich Herren leicht ironisch.

Als frischgebackener diplomierter Landwirt reizte es Hans doch noch zu Höherem. Er entschloss sich zu einem zweiten Bildungsweg und bereitete sich am Humboldtianum Bern auf die Aufnahmeprüfung an die Eidgenössische Technische Hochschule (ETH) in Zürich vor. Nach glücklich bestandener Prüfung zwang ihn ein privater Umstand vor dem Start ins akademische Leben zu einem Zwischenstopp. Hans hatte am Ende der Gymnasialzeit mit 21 Jahren seinen Jugendschatz Eliane Daven geheiratet und musste nun erst mal Geld verdienen. Er fand eine Stelle im Berner Amt für geistiges Eigentum, dem Patentamt, wo er sich als Hilfskraft in verschiedenen Sparten nützlich machte. Insofern kein schlechter Ort für einen cleveren Jüngling, denn im Berner Patentamt hatte Anfang des 20. Jahrhunderts Albert Einstein, ebenfalls jung verheiratet und kurz vor dem Durchbruch zum genialen Physiker, seine Brötchen verdient.

Wie Hans seine Eliane kennen lernte, hat lokale Würze. Als Protestanten aus dem Bernbiet gab es für die Kinder der Familie Herren im katholischen Vouvry keine Sonntagsschule. So mussten sie über die Rhone vom Wallis ins Waadtland, wo in Aigle das passende konfessionelle Angebot zu finden war. Und in Aigle wohnte Eliane. Die Sonntagsschule brachte Hans und das Mädchen einander näher. In Aigle wurden die beiden schliesslich konfirmiert, hier fand 1968 auch die Hochzeit statt. Solche konfessionelle Wanderschaft wirkte sich gleich mehrfach auf die Liebe aus, denn am selben Tag wie Hans und Eliane heiratete auch Verena Herren, eine Schwester von Hans, den Bruder von Eliane, Maurice Daven. So etablierte sich in den beiden Familien die Liebe im Multipack.

Von der Grünen Revolution zur Insektenkunde

Biologische Lehrjahre an der Zürcher ETH

Im Herbst 1969 begann Hans Rudolf Herren doch noch sein ETH-Studium. Auf der Linie seiner früheren landwirtschaftlichen Ausbildung wählte er den Diplomlehrgang Agraringenieur mit Hauptfach Pflanzenschutz und Nebenfach Pflanzenzüchtung. Pflanzenschutz bedeutete damals noch fast ausschliesslich die Suche nach immer wirksameren chemischen Mitteln gegen schädliche Insekten, Unkräuter und Pilzbefall. Und in der Pflanzenzüchtung herrschte seit den späten 1950er-Jahren die Euphorie der «Grünen Revolution», ein modernes Konzept der Agrarforschung mit dem amerikanischen Agrarwissenschafter Norman Borlaug als Übervater.

Borlaug und die Grüne Revolution

Norman Borlaug hatte nach dem Zweiten Weltkrieg in Mexiko erst bei der Rockefeller-Stiftung und von 1964 bis 1979 als Chef der Weizenabteilung am Internationalen Mais- und Weizenveredelungszentrum (CIMMYT) an der züchterischen Verbesserung von Weizensorten gearbeitet. Im Laufe der jahrzehntelangen Bemühungen entwickelten Borlaug und seine Teams mehrere Hochleistungssorten, die an die spezifischen klimatischen Verhältnisse der unterschiedlichen Anbaugebiete in den Entwicklungsländern angepasst wurden. Züchterische Ziele waren ein möglichst grosses Korn-Stroh-Verhältnis und eine bessere Düngerverwertung.

Besonders bekannt wurde ein ertragsstarker Mexikoweizen, dem die genetische Anlage für Zwergwuchs einer japanischen Sorte eingezüchtet worden war. Dank dem kurzen und kompakten Halm kann dieser Weizen eine schwere und ertragsstarke Ähre tragen, ohne im Wind abzuknicken. In Indien, wo dieser Weizen seit 1962 angebaut wird, konnten die Erträge innert zehn Jahren mehr als verdoppelt werden. Ähnliche Erfolge zeigten die Arbeiten am Internationalen Reisforschungsinstitut (IRRI) auf den Philippinen. Die dort gezüchteten Hochleistungsreissorten haben in China und weiteren asiatischen Ländern zu markanten Ertragsverbesserungen geführt.

Mittlerweile gibt es neben dem CIMMYT und dem IRRI 13 weitere internationale Forschungszentren, die heute der Beratungsgruppe für Internationale Agrarforschung (CGIAR) unterstehen. Diese 1971 gegründete strategische Partnerschaft vereinigt gegen 50 Entwicklungs- und Industrieländer sowie 13 internationale Organisationen mit dem Ziel der «Bekämpfung der Nahrungsmittelknappheit in den tropischen und subtropischen Ländern durch Forschung und Investitionen in neue, hochproduktive Pflanzensorten und verbesserte Nutztierhaltung». Zurzeit sind mehr als 8000 Wissenschafter in über 100 Nationen für die CGIAR tätig, wobei neben Mais und Weizen zahlreiche weitere Getreidearten sowie Feldfrüchte (etwa Kartoffel, Maniok und Erdnüsse), aber auch der Fischfang und die Forstwirtschaft und nicht zuletzt das Wassermanagement und die internationale Ernährungspolitik erforscht werden.

Auch kritische Stimmen

Die Grüne Revolution dürfte in den Entwicklungsländern in der zweiten Hälfte des 20. Jahrhunderts Millionen von Menschen vor dem Hungertod bewahrt haben. So unbestritten dieser Erfolg auch ist, früh wurden kritische Stimmen laut, die auf erhebliche Umweltschäden der Grünen Revolution hinwiesen. So bedingen die Hochleistungssorten eine gute Wasserversorgung, was vielerorts nur mit künstlicher Bewässerung zu erreichen ist. Dies führt aber nicht selten zu einer Qualitätsverminderung der Böden, etwa durch Bodenversalzung. Auch fehlt in niederschlagsarmen Regionen das für die Bewässerung abgezweigte Wasser dann den Menschen und dem Vieh sowie der übrigen Natur.

Problematisch ist auch der hohe Düngereinsatz, denn er verseucht die Böden und das Grundwasser. Um die neuen Sorten zu schützen, kommen grosse Mengen chemischer Pestizide zum Einsatz, die Umwelt und Menschen massiv schädigen können. Die Grüne Revolution hat nicht zuletzt für die lokalen Kleinbauern wirtschaftliche Nachteile. Denn der Kleinbauer kann sich oftmals weder das teure Saatgut noch Kunstdünger und Pflanzenschutzmittel und auch keine Bewässerungsanlage leisten. Zudem vermag auf den einheimischen Märkten die bescheidene Ernte kaum mit den auf den Grossfarmen industriell produzierten Hochleistungssorten zu konkurrenzieren.

Man muss der CGIAR und ihren Instituten jedoch zugutehalten, dass in neuerer Zeit solche Bedenken ernst genommen werden. So gehören eine nachhaltige Bewirtschaftung der natürlichen Ressourcen sowie ein schonender Umgang mit der Umwelt zu den heutigen Prioritäten. Auch wird ein besonderes Augenmerk auf den Erhalt und die Förderung der landwirtschaftlichen Biodiversität gelenkt. Und in elf Gendatenbanken wird die weltgrösste Sammlung von Saatgut und Keimgewebe aufbewahrt und öffentlich verfügbar gemacht, wobei besonders Wert auf den Erhalt der den lokalen Boden- und Klimabedingungen bestens angepassten alten Sorten gelegt wird.

Interesse für biologische Schädlingsbekämpfung

«Als junger ETH-Student war ich von Norman Borlaug und seinen sensationellen Erfolgen mit der Grünen Revolution tief beeindruckt. Und als Borlaug 1970 schliesslich den Friedensnobelpreis erhielt, war meine Begeisterung fast grenzenlos. Ich wollte wie Borlaug Pflanzenzüchter werden, nach dem Studium nach Australien auswandern und dort ebenfalls Superweizen züchten», erinnert sich Hans Herren an seine frühen ETH-Jahre. Um erste Erfahrungen im Pflanzenzüchten zu sammeln, machte er bei Ernst Robert Keller, Professor für Ackerbau und Pflanzenzüchtung, im Rahmen des Vordiploms eine Arbeit über Kartoffelzüchtungen. «Härdöpfelkeller», wie man ihn zur Unterscheidung von den andern «Keller-Professoren» liebevoll nannte, war eine Kapazität der Kartoffelforschung und massgeblich am Auf- und Ausbau des Internationalen Kartoffelzentrums (CIP) in Lima, Peru, beteiligt.

Nach dem Vordiplom kam Hans Herren mit ETH-Lehrern in Kontakt, die Türen zu neuen Biowelten aufstiessen. Vittorio Delucchi war Professor für Entomologie (Insektenkunde) und in der Schweiz ein Pionier der Idee, in der Landwirtschaft gegen schädliche Insekten nicht Chemie, sondern natürliche Feinde dieser Schädlinge einzusetzen. Dass es gegen jeden Schädling in der Natur immer auch den passenden Nützling gibt, war den Insektenforschern zwar schon lange bekannt. Die nützlichen Insekten aber zu finden, für den Einsatz in der Agrarwirtschaft in grosser Zahl zu züchten und mit einer geeigneten Methode auf dem Feld freizusetzen, schien der herkömmlichen Agrarwirtschaft jedoch zu kompliziert und zu aufwändig. Und dies, obwohl es längst das legendäre Beispiel der australischen Marienkäfer in den kalifornischen Zitrushainen – einen ersten Grosserfolg solch biologischer Schädlingsbekämpfung – gab.

Australische Marienkäfer retten Kaliforniens Zitrusindustrie

Um die Mitte des 19. Jahrhunderts wurde in Kalifornien eine dort unbekannte Schildlaus in die Zitrushaine eingeschleppt. Da diese «Orangenschildlaus» offenbar keine lokalen Feinde hatte, vermehrte sie sich gewaltig. Alle Bemühungen, der Plage mit Arsen und andern Giften Herr zu werden, scheiterten. 1886 stand die kalifornische Zitrusindustrie vor dem Ruin. In einer weltweiten Aktion suchten Spezialisten des amerikanischen Landwirtschaftsministeriums nach der ursprünglichen Heimat der verheerenden Laus, in der Hoffnung, dort auch die natürlichen Feinde des Schädlings zu finden. 1887 kam aus Südaustralien der Bescheid, bei der kalifornischen Landplage handle es sich um die Australische Wollschildlaus *(Icerya purchasi)* und man kenne als Gegenspieler eine parasitische Fliege der Gattung *Cryptochaetum.*

Als dann der amerikanische Entomologe Arthur Koebele in Australien nach Laus und Fliege suchte, hatte er zunächst grosse Mühe, entsprechende Insekten zu finden, denn das natürliche Gleichgewicht zwischen Parasit und Wirt hielt die beiden Insektenpopulationen klein und unscheinbar. Schliesslich konnte er 12 000 Exemplare von *Cryptochaetum* sammeln und nach Kalifornien spedieren. Bei seiner Suche war Koebele noch ein weiterer Feind der Wollschildlaus aufgefallen: der Marienkäfer *Rodolia cardinalis*. Auch von diesem Nützling entführte er 500 Stück nach Amerika.

Die in den Zitrusplantagen freigelassenen fremden Fliegen und Käfer verteilten sich und wurden bald nicht mehr gesehen. 1890 aber waren die räuberischen Marienkäfer plötzlich in Heeresstärke da und räumten innert 18 Monaten mit den Schildläusen auf. Während *Rodolia cardinalis* zum Nationalhelden wurde, spricht von *Cryptochaetum* heute kaum noch jemand. Fachleute wissen aber, dass sich die australische Fliege und der Marienkäfer die Arbeit teilen. Der Käfer sorgt auf den Plantagen im Landesinnern für Ordnung, die Fliege jedoch geht entlang der Küste auf Schildlausjagd.

Die Marienkäferkampagne in Kalifornien war der Auftakt zur modernen biologischen Schädlingsbekämpfung. Heute ist der Einsatz natürlicher Nützlinge eine weitverbreitete Methode der ökologisch nachhaltigen Pflanzenschutzpraxis. Dazu müssen die Pflanzenschädlinge und ihre Feinde sorgfältig aufeinander abgestimmt werden. So gilt es unter 4300 Marienkäferarten jene zu finden, die auf eine bestimmte Laus spezialisiert ist.

Ein ETH-Professor hilft Amerika
Der Erfolg in der biologischen Schädlingsbekämpfung bewog 1907 die kalifornische Regierung, zur Erforschung der landwirtschaftlichen Probleme im südkalifornischen Riverside eine Citrus Experiment Station zu errichten. Daraus wurde 1954 der Campus der University of California, Riverside, wobei der Schwerpunkt nach wie vor in der wirtschaftlich wichtigen Zitrusforschung lag. Die weltweit führenden

Experten gründeten schliesslich im nahen Campus der University of California, Berkeley, ein weiteres Zentrum. Dort wirkte von 1963 bis 1978 Robert van den Bosch, einer der profiliertesten Fachleute für biologische Schädlingsbekämpfung.

Mit dieser renommierten Stätte der Insektenkunde arbeitete auch Vittorio Delucchi eng zusammen. Der ETH-Professor hatte sich auf Schlupfwespen spezialisiert, die ihre Eier in die Larven und Raupen anderer Insekten legen, worauf die Brut ihren Wirt aufzehrt. Delucchi half seinen kalifornischen Kollegen bei der Suche nach solchen Nützlingen, denen er in Europa, Asien und Afrika nachspürte. «Professor Delucchi hat uns in den Vorlesungen viel von seinen Forschungsreisen, von den überraschenden Entdeckungen und den weltweiten wissenschaftlichen Kontakten erzählt. Es war nicht zuletzt die enorme Weltoffenheit, die mich an Delucchi faszinierte», rühmt Herren seinen früheren Lehrer.

Eine andere ETH-Persönlichkeit war Werner Baltensweiler, Privatdozent für Ökologie. Auch dieser Lehrer ist Hans Herren in bester Erinnerung: «Von ihm habe ich sehr viel über die komplexen Zusammenhänge in der Natur gelernt, etwa wie die Insekten mit den Pflanzen kooperieren. Baltensweiler war überzeugt, dass der Mensch das natürliche Zusammenwirken von Pflanzen und Tieren erst einmal verstehen soll, bevor er in einem Problemfall mit irgendwelchen Massnahmen regulierend eingreift.»

Sowohl Delucchi als auch Baltensweiler beschäftigten sich intensiv mit dem Lärchenwickler, einem Falter, der die Lärchenwälder in den höher gelegenen Tälern des Alpenraums periodisch heimsucht. So war es naheliegend, dass 1973 der frisch diplomierte Agraringenieur Hans Rudolf Herren ebenfalls dieses Thema für seine Doktorarbeit wählte, wobei Delucchi als Doktorvater und Baltensweiler als zusätzlicher Betreuer wirkten.

Ökologische Lektion im Bündner Wald

Sinnloser Kampf gegen den Lärchenwickler

Der Graue Lärchenwickler war einst ein heisses Eisen der Schweizer Forstwirtschaft. Etwa alle neun Jahre bot (und bietet noch heute) der Lärchenwald im Engadin und im Wallis ein trauriges Bild. Ab Mitte Mai beginnt sich das saftige Hellgrün der jungen Lärchennadeln zu einem schmutzigen Braun zu verfärben. Milliarden von Raupen hängen in den Bäumen und ernähren sich vom zarten Nadelgewebe. Auf der Suche nach immer neuer Nahrung klettern sie in den Zweigen umher und umwickeln die Nadelbüschel mit einem weissen Gespinst. Die Viecher fressen nur einen Teil der Nadeln, der grosse Rest der gekappten Triebe verdorrt und hängt als braunes Zeug in den Spinnfäden oder fällt als Streu zu Boden.

Im Juli sind die Raupen fett geworden und lassen sich an selbstgesponnenen Fäden zum Waldboden hinunter, wo sie sich im Streu verpuppen. Innerhalb eines Monats verwandelt sich die Puppe in einen unscheinbaren, graubraunen Falter. Das Schmetterlingsweibchen legt im Spätsommer etwa 150 Eier unter die Flechten und in die Ritzen der Lärchenrinde, woraus im Frühling dann wieder Raupen schlüpfen. Das Nadelfressen beginnt erneut. Da die im Vorjahr kahl gefressenen Lärchen wegen Nährstoffmangels nur noch kurze und harte Nadeln bilden, finden die Raupen zu wenig Nahrung, und das gefrässige Riesenheer verschwindet fast ebenso rasch, wie es im Vorjahr aufgetaucht war.

Eine uralte Plage

Die Plage des Grauen Lärchenwicklers *(Zeiraphera diniana)* ist uralt. Das Insekt findet seine optimalen Lebensbedingungen oberhalb von 1700 Metern über Meer und befällt dort die Lärchenwälder im gesamten Alpenraum. Da in den Lärchenwicklerjahren die Bäume kaum wachsen, manifestieren sich die Befalljahre in einem nur sehr schmalen Jahrring. Untersuchungen an Jahrringen alter Lärchenholzstämme zeigen solche Magerjahre im Zyklus von etwa neun Jahren bis in die Römerzeit zurück. Der Lärchenwald hat also seit Jahrtausenden gelernt, mit dem Lärchenwickler zu leben. Da sich fast alle Lärchen nach dem Befall wieder erholen, ist zwar der Holzzuwachs im Lärchenwicklerjahr gering, die Forstwirtschaft ist aber durch die periodische Plage insgesamt nicht gefährdet.

Trotzdem begann nach dem Zweiten Weltkrieg im Engadin ein grosses Geschrei. Denn just in der touristischen Hochsaison verwandelt sich in den Lärchenwicklerjahren der Engadiner Wald von Maloja bis nach Bever in eine unansehnliche, wie von Feuer zerstörte Gegend. Unzählige Raupen überziehen die Baumlandschaft mit einem ekligen, von Kot und toten Insekten behangenen Gespinst. So hatten vor allem die Hoteliers Angst um den nach dem Krieg wieder aufkeimenden Fremdenverkehr. Es müsse endlich nach Wegen gesucht werden, um der unästhetischen Plage Herr zu werden oder mindestens den Befall massiv zu reduzieren.

Mit dem nötigen Druck auf Bundesbern und dank Unterstützung der Forstwirtschaft und der Wissenschaft, die das seltsame Naturereignis besser verstehen wollten, wurde um 1950 ein umfangreiches Forschungsprogramm gestartet. In alten Militärbaracken am Dorfrand von Zuoz richtete das Entomologische Institut der ETH unter der Leitung von Paul Bovey eine Aussenstation zur Erforschung des Lärchenwicklers ein. Parallel dazu startete Christian Auer vom Bündner Kantonsforstinspektorat ein gross angelegtes statistisches Programm, um die Lärchenwicklerpopulationen an verschiedenen Engadiner Standorten laufend zu erfassen. Sommer für Sommer kletterte ein Dutzend

Helfer (meist Lehrer in den Sommerferien) im ganzen Tal auf ausgewählte Lärchen, um dort Äste abzusägen und die vorhandenen Raupen in der Forschungsstation zu zählen. Aus den lokalen Stichproben wurde der jeweilige Befall für das gesamte Tal hochgerechnet.

So merkte man, dass der Lärchenwickler nach seinem Grossauftritt nicht ganz verschwindet, sondern in geringer Zahl in den Engadiner Lärchenwäldern weitervegetiert, bis er sich nach Jahren wieder explosionsartig vermehrt. Die so festgestellten Populationsschwankungen sind enorm: Leben am Tiefpunkt der Befallzyklen auf den 130 Quadratkilometern der Engadiner Lärchenwälder kaum noch eine halbe Million Lärchenwickler, findet man vier Jahre später eine solche Zahl von Raupen auf einer einzigen Lärche – eine lawinenartige Vermehrung um den Faktor 10 000 bis 100 000.

Die Lärchenwicklerforschung beschränkte sich nicht auf das Zählen der Insekten und das Studium ihrer Lebenszyklen. Man ging auch mit chemischer Waffe gegen die Viecher vor. 1947 wurde der Taiswald bei Pontresina mit dem Insektizid DDT besprüht. In den 1970er-Jahren fanden im Goms, im Oberwallis, Versuche mit andern Insektiziden statt. Die agrochemische Strategie war jedoch wenig erfolgreich.

«Wir haben das ganze Goms besprüht», erinnert sich der ETH-Forscher Werner Baltensweiler in einem Zeitungsartikel 30 Jahre später. «Der Wald blieb zwar grün, der Lärchenwickler flog aber noch im gleichen Jahr aus den übrigen Teilen des Wallis wieder ein.» Man erkannte schliesslich, dass die Bekämpfung mit Insektiziden wenig brachte. Um Erfolg zu haben, hätte man Jahr für Jahr alle betroffenen Alpentäler besprühen müssen, was ökologisch äusserst bedenklich und angesichts des nur geringen forstwirtschaftlichen Schadens viel zu teuer gewesen wäre.

DDT – das umstrittene Wundermittel

Während man bei der Bekämpfung des Lärchenwicklers den fehlenden Nutzen von DDT und andern Insektiziden früh erkannte, fanden die neuen chemischen Mittel in der übrigen Land- und Forstwirtschaft weltweit rasche Verbreitung.

Zur Geschichte von DDT: 1939 hatte die Ciba die Substanz Dichlordiphenyltrichloräthan (DDT) zu einem Insektizid entwickelt. DDT war zwar schon 1873 in Deutschland synthetisiert worden. Aber erst die Entdeckung durch den Basler Chemiker Paul Müller, dass DDT gegen eine Vielzahl von Insekten ausserordentlich stark wirkt, für Menschen und Nutztiere aber nur mässig giftig und erst noch relativ billig ist, machte es zu einem vielversprechenden, modernen Schädlingsbekämpfungsmittel. Bereits 1942 setzten die Amerikaner DDT im Dschungel von Burma und im pazifischen Raum zur Malaria- und Gelbfieberbekämpfung ein. Und als nur wenig später dank DDT in Nepal mit überwältigendem Erfolg eine Typhusepidemie und in Dakar die Pest bekämpft werden konnten, erlebte das «Wundermittel» einen beispiellosen Siegeszug.

Bald schon wusste man auch in der Land- und Forstwirtschaft das Mittel gegen schädliche Insekten einzusetzen, etwa in Baumwollplantagen oder in der Schweiz im Zweiten Weltkrieg im Rahmen der Anbauschlacht gegen den Kartoffelkäfer. Das potente Insektizid kam nicht zuletzt den Promotoren der Grünen Revolution gelegen, denn die neuen Hochleistungssorten waren für schädliche Insekten besonders empfindlich. So wurde auch Norman Borlaug, der Vater der Grünen Revolution, ein feuriger DDT-Anhänger. Er setzte sich selbst noch 1971 bei der FAO in Rom für das Mittel ein, längst nachdem dessen ökologische Gefährlichkeit erkannt worden war. Denn früh schon hatten sich auch kritische Stimmen zum DDT-Einsatz gemeldet, die im intensiven, weltweiten Einsatz der Substanz eine Gefahr für Mensch, Tier und Umwelt sahen. Mit seinem breiten Wirkungsspektrum tötet DDT nicht nur die Schädlinge, sondern auch nützliche Insekten wie Bienen oder die natürlichen Feinde der schädlichen Insekten. Und da die Substanz sich nur sehr langsam abbaut, bleibt sie bis zu zehn Jahren wirksam. Sie lagert sich überall in der Natur ab und reichert sich schliesslich im Fettgewebe vieler Lebewesen und auch im Menschen, etwa in der Muttermilch, an. Mit DDT belastete Greifvögel legen Eier mit dünneren Schalen, was zu Bestandeseinbrüchen führte.

Das Jahr 1962 markiert für die DDT-Erfolgsstory eine drastische Wende. Die amerikanische Biologin Rachel Carson führte in ihrem Buch «Silent Spring» («Der stumme Frühling») eine leidenschaftliche Anklage gegen die Chemikalie und postulierte, dass DDT krebsauslösende, sterilisierende und mutagene Wirkung habe und schliesslich das gesamte Leben auf unserem Planeten auslöschen werde. 1972 wurde DDT in den USA und in vielen weiteren Ländern, auch in der Schweiz, verboten.

Die Kontroverse, wie gefährlich DDT tatsächlich ist und ob es gegen globale Seuchen wie Malaria weiterhin eingesetzt werden soll, hält jedoch bis heute an. Zur Bekämpfung der Malariamücken ist das Versprühen von DDT in Häusern nach wie vor zugelassen. Vor wenigen Jahren hat die WHO den Einsatz von DDT gegen Malariamücken empfohlen, worauf der DDT-Verbrauch in Afrika prompt zugenommen hat. Hans Herren und die von ihm gegründete Schweizer Stiftung Biovision wehren sich vehement gegen diese Praxis, da es heute zur Bekämpfung der Malariamücken eine bewährte Alternative gibt, die ökologisch und gesundheitlich unbedenklich ist (siehe Kapitel «Gesundheit für Mensch, Tier, Pflanze und Umwelt», Seite 81, und «Biovision – Hilfe zur Selbsthilfe», Seite 111).

Doktorarbeit im Oberengadin

Als Hans Herren 1973 seine Arbeit in der Forschungsstation in Zuoz begann, war gerade wieder Lärchenwicklerjahr und der Engadiner Sommerwald zeigte das berüchtigte kahle und braune Gesicht. Die Lärchenwickler-Forschungstruppe hatte in den vorangegangenen 20 Jahren immerhin herausgefunden, dass am raschen Zusammenbruch der Schmetterlingspopulation nach dem grossen Fressen nicht nur die mager gewordene Nadelkost, sondern auch der Befall durch Viren und Bakterien sowie durch andere Insekten mitverantwortlich sind.

Im Oberengadin schlüpfen im Frühling, kurz bevor die Lärchenwicklerraupen ihr drittes Larvenstadium erreicht haben, mehrere Arten von sehr kleinen Schlupfwespen. Die Schlupfwespenweibchen fliegen zu den Lärchen, wo sie mit dem Legestachel je ein Ei in den Körper von Lärchenwicklerlarven legen. Zusammen mit dem Ei deponiert die Wespe auch ein Gift, das die Raupe lähmt, ohne sie aber zu töten. Das Opfer kann nun weder fressen noch weiterwachsen und ist hilflos der aus dem Ei schlüpfenden Wespenlarve ausgeliefert. Diese frisst ihren lebenden Futtervorrat von innen her auf und wird schliesslich zur ausgewachsenen Schlupfwespe. Dieses Parasitentum vernichtet um die 30 Prozent der Lärchenwicklerlarven – eine von Mutter Natur erfundene biologische Schädlingsbekämpfung, lange bevor der Mensch auf solche Ideen kam.

Hans Herren wollte in seiner Doktorarbeit herausfinden, wie sich Schlupfwespen und Lärchenwickler gegenseitig beeinflussen und welchen zeitlichen Verlauf die Entwicklungszyklen von Parasit und Wirt nehmen. Denn nachdem das Lärchenwicklervolk infolge mager gewordener Nadelnahrung und der Kannibalisierung durch die Schlupfwespen dezimiert worden ist, verlieren auch die Schlupfwespen ihre Existenzgrundlage und verschwinden aus dem Lärchenwald. Aber nach Jahren scheinbarer Abwesenheit sind Lärchenwickler und Schlupfwespen plötzlich wieder in grosser Zahl da.

«Ich hatte für meine Doktorarbeit eine ziemlich ausgefallene Idee», erinnert sich Hans Herren. «Vielleicht könnte man den Zyklus der Schlupfwespen so beeinflussen, dass die Wespen auch in den lärchenwicklerarmen Jahren immer noch in genügend grosser Zahl vorhanden bleiben. So können die Parasiten beim Wiederauftauchen der Lärchenwickler sofort zuschlagen, wodurch sich das explosionsartige Vermehren der Lärchenwickler allenfalls unterdrücken liesse. Dies brächte den Alpentälern zwar immer noch Lärchenwicklerjahre. Der Wald wäre aber nur noch mässig befallen, ohne die gefürchtete landschaftliche Verunstaltung.»

Um seine Idee zu realisieren, züchtete Herren in den Forschungsbaracken in Zuoz Tausende von Lärchenwicklerraupen als Futter für die Schlupfwespen und liess die Schädlinge erstmals im Sommer 1975 im Val Bever frei. Dort waren die Schlupfwespen nach dem raschen

Abklingen des 1973er-Lärchenwicklerjahres ebenfalls am Verschwinden. Mit dem zusätzlichen Raupenfutter blieb nun doch ein Grundstock von Schlupfwespen im Tal übrig. Eine andere Regulierungsvariante wäre das direkte Züchten und Freilassen von Schlupfwespen im Frühstadium einer neuen Lärchenwicklerplage gewesen.

Da das massenhafte Züchten von Insekten und deren gezielte Freisetzung auf grossem Raum aber sehr kostspielig gewesen wären, hatten solche Ideen angesichts des kleinen wirtschaftlichen Schadens durch den Lärchenwickler letztlich keine praktische Bedeutung. Dies umso mehr, als Hans Herren in seiner Dissertation im Jahre 1977 zum Schluss kam, dass das enorm intensive Spinnen der heranwachsenden Lärchenwicklerraupen den Schlupfwespen das Eierlegen bald schon verunmöglicht und sich deshalb die Wespen nicht weiter vermehren. Es sind also die Lärchenwickler, die das Volk der Schlupfwespen in Schach halten, und nicht umgekehrt. Was eine biologische Kontrolle der Lärchenwickler durch die Schlupfwespen illusorisch macht.

Wertvolle Erkenntnisse

Die Arbeit von Hans Herren und seinen Studienkollegen und Lehrern im Engadin hat das Wissen über den Lärchenwickler enorm erweitert. So brauchen die Lärchen nach dem massenhaften Insektenbefall doch mehrere Jahre, bis ihr Wurzelwerk wieder kräftig genug ist, um ein saftiges und dichtes Nadelkleid zu bilden – eine Durststrecke also auch für die wenigen noch in der Region verbliebenen Lärchenwickler. Dass sich dann bei besseren Futterbedingungen die Restpopulation aber wieder derart rasant vermehren kann, hat auch einen Ausländeraspekt. Auf dem Berninapass im Frühling aufgestellte Lichtfallen zeigten eine Wanderbewegung von Lärchenwicklerfaltern aus Norditalien, wenn der Engadiner Nachwuchs noch immer im verschneiten Bergwald ruht. Auch werden periodisch vom Westwind Falter aus den französischen Alpen ins Engadin verfrachtet. So erhalten die lokalen Insekten fremde Verstärkung, was den Aufbau einer Grosspopulation entsprechend unterstützt und beschleunigt.

Dass der lästige Lärchenwicklerbefall für den Wald auch einen Nutzen hat, war eine weitere ökologische Lektion. Die vielen toten Nadeln und der Kot und die Kadaver der Raupen auf dem Waldboden nach einem Lärchenwicklerjahr liefern wertvollen Dünger. Auch machen sich die am Boden gelandeten Lärchenwicklerraupen über die dort spriessenden jungen Arven und Fichten her, was diese Konkurrenten der Lärchen ihrerseits ausschaltet und den Lärchenwald offen und licht hält.

So hat Hans Herren in seiner Engadiner Zeit viel über das Wesen und Verhalten von nützlichen und schädlichen Insekten gelernt, von deren gemeinsamen Entwicklungszyklen und den Möglichkeiten und Grenzen einer biologischen Schädlingsbekämpfung. Ein Wissen, das ihm dereinst im fernen Afrika für seine legendäre Lösung des Maniokproblems dienen sollte (siehe Kapitel «Der legendäre Maniokfeldzug», Seite 37). «Dass meine ursprüngliche Idee eines Lärchenwicklermanagements schliesslich ein Flop wurde und ein Eingreifen in die natürlichen Zyklen im Engadiner Wald weder praktikabel noch sinnvoll ist, hat meinen Respekt vor der Selbstregulation der Natur vergrössert. Die Natur hilft sich eben oftmals selber, auch dort, wo der Mensch ein Riesenproblem vermutet», zieht Hans Herren Bilanz.

Mekka der biologischen Schädlingsbekämpfung

Beim kalifornischen Gegner der Agrochemie

Als Hans Herren 1977 seinen Doktortitel in der Tasche hatte, stellte sich die Frage nach der künftigen Karriere. Einige seiner ETH-Kollegen fanden Arbeit an eidgenössischen oder kantonalen landwirtschaftlichen Forschungsanstalten. Der Grossteil ging aber nach Basel in die Agrochemie – «auch jene Gesellen, die als Studenten an den Demos in Zürich Flugblätter gegen die bösen Multis verteilt hatten», erinnert sich Herren mit einem Schmunzeln. Er selber suchte sein Glück in der weiten Welt. Sein Doktorvater Vittorio Delucchi öffnete ihm die Tür zur Forschungsgruppe von Robert van den Bosch an der University of California in Berkeley, dem Mekka der Insektenkunde und biologischen Schädlingsbekämpfung.

Pionier des integrierten Landbaus

Robert van den Bosch war das Interesse für Pflanzen und Tiere in die Wiege gelegt worden. Seine Mutter war eine Schweizer Bauerntochter, der Vater ein holländischer Blumenzüchter. Anfangs führten die Eltern Blumenläden in Holland und England, dann liessen sie sich in Kalifornien nieder. Robert hatte sich schon als Kind für die Natur interessiert und sammelte eifrig Insekten. Er blieb seinem Hobby auch als junger Mann treu und erhielt 1950 an der University of California den Doktortitel in Entomologie. Nach ersten Jahren als Dozent in Hawaii kehrte er nach Kalifornien zurück.

Van den Bosch wurde schliesslich Leiter der Abteilung für biologische Schädlingsbekämpfung im Departement für Entomologie in Berkeley. Mit seinem Team suchte er nach Wegen, wie schädliche Insekten mithilfe von nützlichen Insekten unter Kontrolle gebracht werden konnten. Dabei galt es, die natürlichen Regulationsvorgänge, mit denen die Natur laufend ein Gleichgewicht zwischen den verschiedenen Insektenarten und ihren Wirtspflanzen sucht, zu erforschen und gezielt zu fördern.

Man wollte also keineswegs die «bösen» Viecher generell ausrotten, sondern lediglich so stark reduzieren, dass das Schadensniveau für die Landwirtschaft noch akzeptabel war. Um bei einem starken Befall überhaupt wieder in die Nähe eines Gleichgewichts zu kommen, setzte man auch Insektizide ein, dies aber nur, wenn Kontrollen im Feld bereits ein gewisses Mass an Schädlingen ergeben hatten, und nur solche chemischen Mittel, die gezielt den betreffenden Schädling beseitigen. So wurde van den Bosch zu einem Pionier des integrierten Landbaus, einer Wirtschaftsweise, die umweltschonend biologische, technische und chemische Massnahmen sinnvoll und effizient aufeinander abstimmt.

Kampf gegen die «Pestizid-Mafia»

Die ökologischen Pioniere hatten ihre Rechnung nicht mit den Vertretern der Agrochemie gemacht. Mit DDT und ähnlichen Entwicklungen standen nach dem Zweiten Weltkrieg der Landwirtschaft nun chemische Mittel zur Verfügung, die mit einer noch nie gesehenen Wirkung die krabbelnden Sorgenkinder von den Feldern fegten. Bald schon wurden die neuen «Wundermittel» flächendeckend und tonnenweise versprüht. Die Entomologen aber erkannten rasch, dass DDT und Konsorten sehr unspezifisch wirkten und mit den Schädlingen auch die nützlichen Insekten inklusive der für die Pflanzenfruchtbarkeit wichtigen Bienen und weiterer Bestäuber vernichteten. Unter einem solch massiven und praktisch landesweiten Nebel von Insektengiften war an biologische Schädlingsbekämpfung nicht mehr zu denken.

Dies habe ihn und seine Kollegen schliesslich in den Krieg mit der Agrochemie getrieben, sagte van den Bosch später in einem Interview.

Robert van den Bosch wurde zu einem Ökoaktivisten der ersten Stunde. Mit wissenschaftlicher Akribie dokumentierten er und seine Mitstreiter im Laufe der Jahre die zahllosen Beispiele von katastrophalen Misserfolgen der chemischen Hammerschläge und engagierten sich in den betreffenden politischen Diskussionen. Es wurde auch klar, dass im Agrobusiness der USA eine Interessenlobby am Werk war, die, der Mafia ähnlich, mit den krudesten Mitteln der Einflussnahme, Erpressung und Ausschaltung opponierender Kreise agierte. Die in den Parlamenten, Regierungsämtern, staatlichen Forschungsstellen und auch in manchen Universitäten sitzenden Gefolgsleute der Chemielobby wussten mit allen Mitteln das tödliche Geschäft zum Blühen zu bringen – selbst wenn wissenschaftliche Fakten den ökologischen, aber auch ökonomischen Unsinn gewisser chemischer Bekämpfungskampagnen längst bewiesen hatten. Was Robert van den Bosch 1978 in seinem Buch «The Pesticide Conspiracy» als zorniger Gegner der «Pestizid-Mafia» schildert, erscheint aus heutiger Sicht schier unglaublich.

Kontraproduktive Agrochemie im Baumwollfeld

Ein Beispiel: Das kalifornische San Joaquin Valley war und ist noch immer ein wichtiger Baumwollproduzent. Ein gefährlicher Schädling ist die Wanze *Lygus hesperus*. Nachdem die Baumwollfarmer mit dem Insekt recht und schlecht leben gelernt hatten, kamen mit Azodrin und Bidrin neue Agrochemikalien auf den Markt, die nun den Farmern endlich die radikale Lösung des Wanzenproblems versprachen. Ein flächendeckendes Besprühen der Felder wurde zur weitverbreiteten Praxis. Aber kaum waren die Wanzen verschwunden, tauchte in den Baumwollfeldern die Baumwolleule auf, ein Nachtfalter, der seine Eier auf die Baumwollpflanzen legt, worauf sich die schlüpfenden Raupen in die Baumwollkapseln bohren und so die Ernte ruinieren. Dieser Schädling war viel schlimmer als der herkömmliche Wanzenfeind.

Da die Raupen im Pflanzeninnern verschwinden, lassen sie sich durch Besprühen der Pflanzen nicht beseitigen.

Robert van den Bosch und weitere Forscher erkannten schon bald den Grund des Desasters und fanden auch eine Lösung. Das Besprühen der Felder zerstörte mit den Wanzen praktisch auch alle andern Insekten. Darunter solche Nützlinge, die früher den im Sommer auftauchenden Horden von Eulenfaltern den Garaus gemacht hatten. Nun hatte der Falter aber völlig freie Bahn; die Katastrophe war programmiert. Obschon die Entomologen den Baumwollfarmern und Landwirtschaftsexperten ihre Erkenntnisse mitteilten und mit harten Fakten belegten, schwatzten die Giftverkäufer den Farmern den massiven Einsatz der Agrochemikalien noch jahrelang auf, was zahlreiche Farmer infolge wiederholter Missernten in den Bankrott trieb.

Schliesslich setzte sich doch noch die von den Entomologen erarbeitete integrierte Methode durch: Die Baumwollfelder wurden sorgfältig beobachtet und nur dort besprüht, wo tatsächlich Wanzen auftraten. Und dies auch nur im Frühling, wenn sich die Wanzen zu vermehren beginnen. Im Sommer aber wurde nicht gespritzt, um die Nützlinge zu schonen. Die Methode hatte einen durchschlagenden Erfolg. Nicht nur verschwand die Eulenfalterplage wieder, auch die Kosten für Insektizide sanken von 12 Dollar auf 5 Dollar pro Acre (etwa 40 Aren), und der Ertrag stieg von 247 Dollar auf 270 Dollar. Ökologisch angepasste Landwirtschaft macht sich also auch finanziell bezahlt.

Harmlose Wanzen im Stadtpark

Ein weiteres Beispiel: Van den Bosch erlebte in der eigenen Stadt, was ökologische Unvernunft anrichten kann. In Berkeley spendeten 30 000 Bäume entlang den Strassen und in den Pärken Schatten. Auf den Bäumen gab es immer wieder auch Blattläuse und andere Insekten, die mit ihrem klebrigen Honigtau den Boden verschmutzten und unansehnliche Löcher ins Blattwerk frassen. Also lediglich ein ästhetisches Problem. Die Reklamationen der Bürger beantwortete die Stadtverwaltung mit grossflächigen Sprühprogrammen. Allein im Jahr 1969 wurden für 22 000 Dollar Insektizide in der Stadt verspritzt, unter anderem 250 Liter DDT und 100 Kilogramm Bleiarsenat.

Das Ausbringen solcher Mengen giftiger Chemikalien inmitten der Stadt war den Verantwortlichen schliesslich doch nicht geheuer, und sie suchten Rat bei den Entomologen ihrer Universität. Mit integrierter Schädlingsbekämpfung wurde das Insektenproblem in den 1970er-Jahren umweltfreundlich und ohne die gefährlichen Gifte gelöst. Massnahmen wurden nur noch dort ergriffen, wo Bäume tatsächlich stark befallen waren. Mit einer aus Europa importierten parasitischen Wespe bekämpfte man die Blattläuse. Mit *Bacillus thuringiensis*, einem Bakterium, das ein insektizid wirkendes Eiweiss absondert, ging man gegen lästige Raupen vor. Oftmals genügte bereits ein Besprühen der Bäume mit Wasser oder Seifenwasser. Und klebrige Bänder rund um die Baumstämme machten es den Ameisen unmöglich, auf den Bäumen Blattlauskolonien zu pflegen.

Obwohl sich die Beispiele erfolgreicher biologischer Schädlingsbekämpfung im Buch von Robert van den Bosch eindrücklich präsentieren, zieht der Autor doch eine eher nüchterne Bilanz. 1973 wurde auf weniger als 10 Prozent der kalifornischen Anbaufläche integrierter Landbau praktiziert. Mit jährlich 300 Millionen Kilogramm chemischer Insektizide – damals 5 Prozent des weltweiten Verbrauchs – war Kalifornien der globale Spitzenreiter der Agrochemie. Trotzdem fielen 13 Prozent der Ernte den Schädlingen zum Opfer, doppelt so viel wie 30 Jahre früher, wo sich die Farmer noch mit 25 Millionen Kilogramm Gift begnügten. Grund für diese schäbige Bilanz war vor allem der Umstand, dass mittlerweile über 70 Prozent der wichtigsten Schadinsekten gegen die chemischen Gifte resistent geworden waren.

Was Hans Herren in Berkeley lernte

Hans Herren arbeitete von 1977 bis 1979 als Postdoc (akademische Weiterbildung nach dem Doktorat) bei Robert van den Bosch, unterstützt durch ein Stipendium des Schweizerischen Nationalfonds. Biologische Schädlingsbekämpfung ist ein hochkomplexes Naturgeschehen mit einer Vielzahl sich gegenseitig beeinflussender Faktoren. So haben auch die Nützlinge ihre Feinde – Insekten, die den nützlichen Insekten an den Kragen gehen und so deren Anzahl limitieren. Solche Hyperparasiten – Parasiten der Parasiten – können der Grund sein, warum ein bestimmtes Konzept der biologischen Schädlingsbekämpfung schliesslich nicht funktioniert. Wie so oft in der Natur spielen aber auch Hyperparasiten im Rahmen der natürlichen Gleichgewichte eine positive Rolle, indem sie verhindern, dass sich die Nützlinge wiederum allzu stark vermehren und ihre Wirte schliesslich fast ausradieren. Denn damit vernichten die Nützlinge die eigene Futterbasis und gehen schliesslich selber zugrunde. Was dann dem verbliebenen Rest der Schädlingspopulation ein erneutes Wachstum ermöglicht.

Hans Herren hat in Kalifornien das Phänomen der Hyperparasiten am Beispiel von Schlupfwespen studiert, die den Blattläusen auf Kohlpflanzen nachstellen. Diese Schlupfwespen haben als Feinde wiederum andere Schlupfwespen. «Auf der Suche nach diesen verschiedenen Insekten bin ich tagelang in den Gemüsegärten von Berkeley und Umgebung herumgekrochen, wobei mich vor allem auch interessierte, ob diese Hyperparasiten neben den Schlupfwespen auf den Kohlpflanzen noch andere Insekten heimsuchen, also ein breiteres Wirtespektrum haben», skizziert Herren sein Forschungsgebiet.

Wichtiger noch als die eigene Forschungsarbeit waren für Hans Herren jedoch das in Berkeley gesammelte breite Wissen über die Möglichkeiten der biologischen Schädlingsbekämpfung und des integrierten Pflanzenschutzes sowie die Erfahrung, wie sich mit einer ökologisch nachhaltigen Technik die katastrophalen Folgen masslos eingesetzter chemischer Pestizide vermeiden lassen – und dass es für einen solchen Wechsel der landwirtschaftlichen Praxis sehr viel persönlichen Einsatz und eine dicke Haut gegen die Interessenvertreter der Agrochemie braucht. «Van den Bosch war alles andere als ein braver Professor. Von diesem enorm engagierten Forscher habe ich sehr viel nicht nur über Insekten, sondern auch über Politik gelernt. Seinen

Kampf führe ich weiter», blickt Herren auf seine kalifornischen Lehr- und Wanderjahre zurück.

Zum Entsetzen der Fachwelt und von Freunden und Bekannten starb Robert van den Bosch im Alter von 56 Jahren am 19. November 1978 beim Joggen an einem Herzschlag. Damit verlor Hans Herren nach nur einem Jahr der Zusammenarbeit seinen hochgeschätzten Mentor. Herren blieb noch ein weiteres Jahr in Berkeley, wo er nun mit andern Forschern verschiedene Fragen der biologischen Schädlingsbekämpfung studierte. Dann war das Nationalfonds-Stipendium aufgebraucht. Hans Herren musste einmal mehr nach einer neuen Arbeit suchen.

Die Amerikajahre brachten für Hans auch eine private Veränderung. Seine Frau Eliane war zwar für ein paar Monate nach Kalifornien gekommen. Doch gefiel ihr das Leben hier nicht und sie kehrte in die Schweiz zurück. «Wir hatten uns im Laufe der Jahre auseinandergelebt und beschlossen, uns zu trennen. Da wir keine Kinder hatten, war dies nur das Problem von uns zweien. Eliane lebt heute am Genfersee. Und wir sehen uns immer noch gelegentlich», beschreibt Hans Herren sein privates Leben. An einem Fachkurs, den Herren an der University of California besuchte, nahm auch Barbara Gemmill teil. Barbara studierte Ökologie; die beiden kamen sich bald auch menschlich näher und wurden schliesslich ein Paar.

Der legendäre Maniokfeldzug

Weltweit grösstes Bioprogramm gegen Pflanzenschädling

Nach seinen zwei Postdoktoranden-Jahren in Berkeley musste Hans Herren 1979 eine Stelle finden. Der 31 Jahre junge Forscher hatte keine Lust, in die behäbige Schweiz zurückzukehren, und suchte in den wissenschaftlichen Zeitschriften nach offenen Stellen. So stiess er auf ein Inserat des Internationalen Instituts für Tropische Landwirtschaft (IITA) in Ibadan, Nigeria (siehe Karte auf Seite 64), wo ein Insektenforscher und Pflanzenzüchter für ein Maisforschungsprogramm gesucht wurde. Das IITA wurde 1967 gegründet und gehört wie 14 weitere Agrarforschungszentren in den Tropen und Subtropen zur Beratungsgruppe für Internationale Agrarforschung (CGIAR), der strategischen Partnerschaft von über 60 Entwicklungs- und Industrieländern und internationalen Organisationen.

«Warum nicht Nigeria? Ich war zwar noch nie in Afrika, die mir unbekannte tropische Landwirtschaft machte mich aber neugierig. Und da ich in meinen frühen ETH-Jahren auch als Pflanzenzüchter und später viel mit Insekten gearbeitet hatte, schickte ich kurzerhand ein Bewerbungsschreiben nach Ibadan», erinnert sich Hans Herren. «Zu meiner Überraschung bekam ich schon zwei Wochen später einen Telex mit der Einladung nach Chicago zu einem Interview mit dem Generaldirektor vom IITA.»

In Chicago sass Hans Herren einen Morgen lang mit Generaldirektor Bill Gamble, einem Amerikaner, am Frühstückstisch. Und

Hans erfuhr, dass ihn Bill gar nicht für den ausgeschriebenen Job wollte. Beim Sichten der Bewerbungen war dem Generaldirektor die Forschungsarbeit von Herren auf dem Gebiet der biologischen Schädlingsbekämpfung aufgefallen. In Afrika hatte man im Maniokanbau schon seit Längerem ein Riesenproblem mit einer schädlichen Schmierlaus. Diese saugt sich auf den Blättern und an den Spitzen der Schösslinge fest, was die Pflanze verkrüppeln lässt und schliesslich ruiniert. Da chemische Bekämpfung bisher wenig genützt hatte und das Züchten resistenter Manioksorten viel zu lange gedauert hätte, war der Einsatz von nützlichen Insekten gegen den Schädling eine mögliche Lösung.

Auf die Frage von Bill Gamble «Okay, wann kannst du bei uns anfangen?», bat Hans Herren um die Gelegenheit, das Problem erst einmal persönlich in Afrika kennen zu lernen. Da die Schmierlaus in Nigeria damals noch nicht verbreitet war, lud man Herren in das weiter südlich gelegene und stark betroffene Land Zaire (heute Demokratische Republik Kongo) ein. Nach einem Augenschein auf Zaires kranken Feldern präsentierte Hans Herren den Fachleuten am Institut in Nigeria schliesslich sein Konzept einer biologischen Schädlingsbekämpfung. Und im Oktober 1979 startete er in Ibadan mit dem Maniokprojekt. Dass daraus ein gigantischer biologischer Feldzug mit einer mittlerweile legendären Erfolgsbilanz werden sollte, hätte sich der junge Schweizer Agrarforscher damals nie träumen lassen. Die Arbeit am Maniokprojekt und eine Reihe weiterer Pflanzenschutzprojekte hielten Herren schliesslich 15 Jahre lang in Nigeria und Benin auf Trab.

Maniok – Grundnahrung im tropischen Afrika

Um die Bedeutung der Arbeit von Hans Herren zu erfassen, muss man die Rolle von Maniok in der afrikanischen Landwirtschaft kennen. Maniok, auch Cassava genannt, ist eine strauchartige Kulturpflanze aus der Familie der Wolfsmilchgewächse. Die bis drei Meter hohe Pflanze hat längliche und mehrere Kilogramm schwere Wurzelknollen, die extrem stärkehaltig sind. Im 16. Jahrhundert von portugiesischen Händlern aus Brasilien nach Afrika gebracht, wurde Maniok zu einer der wichtigsten Nahrungspflanzen südlich der Sahara.

Maniok wird von Kleinbauern von Senegal und Angola im Westen bis nach Madagaskar im Osten – einem Tropengürtel grösser als die USA und Indien zusammen – angebaut (siehe Karte auf Seite 64). Die Pflanze wächst auch bei Trockenheit und auf magerem Boden. Ausser in Afrika wird Maniok nach wie vor in Brasilien, aber auch in tropischen Regionen Asiens kultiviert. Weltweit werden heute 230 Millionen Tonnen pro Jahr geerntet. Die essbaren Wurzeln liefern allein in Afrika 200 Millionen Menschen bis zur Hälfte ihres täglichen Kalorienbedarfs. Und da die Wurzeln bis zu zwei Jahre lang in guter Qualität im Boden bleiben können, gilt Maniok bei der Bevölkerung als Reserve gegen Hunger, wenn andere Ernten ausfallen.

Neben den Wurzeln können auch die Blätter der Maniokpflanze gegessen werden. Sie werden als Gemüse und zum Würzen von Suppen und Eintopfgerichten verwendet. Mit ihrem hohen Eiweissgehalt sind die Maniokblätter eine wertvolle Ergänzung der kohlenhydratreichen Speisen aus den Maniokwurzeln. Die afrikanische Hausfrau muss allerdings mit einer naturgegebenen Hypothek fertig werden: Maniokknollen enthalten giftige Blausäure, die vor dem Konsum mit einer zeitaufwändigen Behandlung entfernt werden muss. Dazu werden die frisch geernteten Knollen geschält, zerkleinert und zwei bis drei Tage in Wasser eingeweicht, wodurch die Wurzelmasse fermentiert und die Blausäure eliminiert wird. Dann wird die Masse ausgepresst, getrocknet und geröstet und schliesslich als Maniokmehl aufbewahrt. Vermischt mit Wasser wird das Mehl zu den verschiedensten Speisen verarbeitet.

Eine Dummheit wird zur Katastrophe

Anfang der 1970er-Jahre geschah eine scheinbar unbedeutende Dummheit, die bald schon zur Katastrophe führen sollte. An den Ufern des Grenzflusses Kongo liegen sich Kongos Hauptstadt Brazzaville und

Kinshasa, die Hauptstadt von Zaire, gegenüber. In dieser Grenzregion tauchte in den Maniokfeldern plötzlich ein neuer Schädling auf, die Maniokschmierlaus *(Phenacoccus manihoti)*. Um Maniok neu anzupflanzen, verwendet man Teile der Stängel (Stecklinge) von alten Pflanzen. Lokale Sorten werden von den Pflanzenzüchtern mit Maniokstecklingen aus aller Welt aufgefrischt. Damit bei solchem Biotourismus nicht auch Krankheiten und Schädlinge importiert werden, gelten strikte Sicherheitsbestimmungen. So hat die FAO (Ernährungs- und Landwirtschaftsorganisation der UNO) schon früh in zahlreichen Ländern Quarantänestationen eingerichtet, die eingeführtes Pflanzenmaterial erst freigeben, wenn im Labor und im Gewächshaus dessen Unbedenklichkeit nachgewiesen worden ist.

Vermutlich um 1973 muss jemand aus Südamerika Maniokstecklinge nach Brazzaville gebracht haben, ohne sich um die Quarantänevorschriften zu kümmern. Solche Schlamperei findet sich nicht selten in den Kreisen der Agrarforschung, wo Wissenschafter die aufwändige und zeitraubende Phase der Quarantäne austricksen, um schneller zu ihren Forschungszielen zu kommen. Im Falle von Brazzaville geriet dies nun zur Katastrophe, denn auf den importierten Maniokstecklingen sassen südamerikanische Schmierläuse. In ihrer ursprünglichen Heimat werden die Maniokschädlinge kaum bemerkt, denn dort leben von jeher auch nützliche Insekten, die sich auf das Fressen dieser Schmierläuse spezialisiert haben. Im fernen Afrika aber gab es für die Schmierläuse plötzlich keine Feinde mehr – die grosse Chance für eine ungestörte Maniokfressorgie. Warum waren aber die Schmierläuse nicht schon in früheren Jahrhunderten aus Südamerika eingeschleppt worden? «Damals kamen die Stecklinge per Schiff nach Afrika. Falls dann gelegentlich ein schädliches Insekt auf dem Pflanzenmaterial sass, ging es auf der monatelangen Reise zugrunde. Erst der rasche Lufttransport hat den verheerenden Import ermöglicht», erläutert Hans Herren.

In der Kongoregion konsumieren die Leute neben den Maniokknollen besonders gern auch die Maniokblätter. Man bringt das leckere Grünzeug aus dem Garten auch Verwandten und Freunden mit oder treibt Handel bis in entfernte Regionen. Von den transportierten Maniokblättern landen immer auch Abfälle hinter den Hütten, wo der eigene Maniok gedeiht. Kleben nun auf den Maniokblättern Schmierläuse, verbreitet sich die Pest sehr rasch. Mit einer Ausdehnungsrate von bis zu 300 Kilometern pro Jahr wurde die Schmierlausepidemie in Zaire bald schon zum existenziellen Problem. Der Schädling zerstörte in manchen Gegenden bis zu 80 Prozent der Maniokernte, weshalb mit einer landesweiten Hungersnot gerechnet werden musste. Die Schmierlausepidemie war umso gravierender, als sich Maniok nur durch Stecklinge und nicht über die Samen kultivieren lässt. Denn aus den Samen werden Wildformen, während die Stecklinge echte Klone der Kulturpflanze liefern. Werden die Pflanzen auf dem Maniokfeld also vernichtet, verliert der Bauer die biologische Grundlage für eine neue Anpflanzung.

Die Regierung von Zaire entschied sich zu einem grossflächigen Einsatz von Insektiziden. Da die Leute in Afrika aber meist nicht gut ausgebildet sind, gehen sie mit den giftigen Chemikalien oftmals sorglos um. So werden Anwendungsvorschriften falsch verstanden oder nicht beachtet. Und leere Giftkanister finden als Behälter für Lebensmittel weitere Verwendung. Was schliesslich in der Bevölkerung immer wieder zu Vergiftungsfällen führt. Dies war auch beim Insektizideinsatz gegen die Maniokschmierlaus in Zaire der Fall. Der massenhafte Chemikalienverbrauch bedrohte aber nicht nur die Volksgesundheit, er stellte auch für die Umwelt eine enorme Belastung dar.

Vom Einmannbetrieb zum schlagkräftigen Team

Als Hans Herren in Ibadan 1979 mit seinem Maniokrettungsprogramm begann, war es fünf vor zwölf, denn neben Zaire hatten mittlerweile auch etliche andere vom Schädlingsbefall betroffene afrikanische Länder Insektizidkampagnen lanciert. Schockiert war Hans Herren etwa bei einem Besuch im Norden von Mosambik. Er traf auf den Maniokfeldern schneeweisse Menschen, wie wenn sie mit Mehl überpudert worden wären. Die Leute hatten völlig ungeschützt DDT versprüht – ein nicht nur für den Menschen, sondern für die gesamte Umwelt giftiges Mittel.

Der Start des Maniokprogramms am IITA in Ibadan war mehr als bescheiden. In der Ecke eines der Gewächshäuser der Forschungsstation installierte Herren sein Team – das vorläufig nur aus ihm allein bestand. Schritt um Schritt engagierte er jedoch weitere Spezialisten. «Ich wollte keine langen Grundsatzdiskussionen und suchte Leute, die wie ich an der ETH oder in Berkeley gearbeitet hatten und so ein gemeinsames Verständnis für biologische Schädlingsbekämpfung nach Afrika mitbrachten», erläutert Herren seine damalige Rekrutierungsphilosophie.

Er holte etwa Peter Neuenschwander nach Ibadan. Der Berner Entomologe hatte wie Herren mit dem ETH-Professor Delucchi zusammengearbeitet und danach ebenfalls in Berkeley weiterstudiert. «Ich war mir jedoch bewusst, dass meine Forschungsarbeit in Afrika nur dann auch langfristig sinnvoll sein würde, wenn ich mich ebenfalls um den einheimischen Forschernachwuchs kümmerte», ergänzt Herren. So engagierte er einen Postdoc aus Zaire, der in Florida studiert hatte. In den zwölf Jahren des Maniokprogramms bildeten Herren und sein Team über 20 afrikanische Doktoranden, 120 Masters und insgesamt um die 1200 Fachleute aus.

Für eine biologische Bekämpfung der Maniokschmierlaus musste erst der passende Nützling gefunden werden. Ein solches Insekt existierte mit grösster Wahrscheinlichkeit in Lateinamerika, der ursprünglichen Heimat der Maniokpflanze. Dies umso eher, als mit der Maniokschmierlaus eng verwandte Insekten erwiesenermassen aus Südamerika stammen. Ob es sich bei einer bestimmten Insektenart aber um den gesuchten Nützling handelte, konnte nur der Tatbeweis zeigen: Das Insekt lebt und gedeiht dort, wo auch Maniokschmierläuse sind. Da die Maniokschmierlaus aber in Lateinamerika – dank dem unbekannten Nützling – nur in sehr geringer Zahl zu erwarten war und die lokalen Maniokpflanzer sie nicht kannten, standen Herren und seine Leute vor einer schier unlösbaren Detektivaufgabe.

Maniok *(Manihot esculenta)* war von den amerikanischen Ureinwohnern aus einer Gattung von Wildpflanzen *(Manihot)* gezüchtet worden. In Südamerika wachsen nach wie vor zahlreiche wilde Arten und Sorten von *Manihot*. Sie sind kleiner als Maniok und haben sehr schöne Blätter. Man findet sie im Wald oder Buschwerk. Daher liegt das Ursprungsgebiet der Kulturpflanze Maniok nicht nur im brasilianischen Amazonas, von wo sie die Portugiesen nach Afrika gebracht hatten, sondern in einem sehr grossen Gebiet vom südlichen Kalifornien bis nach Argentinien. Herren legte für seine Suche nach Schmierlaus und Nützling fünf Regionen mit besonders hoher Vielfalt an Manioksorten fest. Für die Wahl dieser Regionen stützte er sich auf die Studien von Nikolai Wawilow. Der russische Botaniker und Evolutionsbiologe hatte zwischen den beiden Weltkriegen auf 180 Expeditionen in Asien, Afrika und Südamerika Saatgut der wichtigsten Kulturpflanzen gesammelt und so die Entstehungszentren der Kulturpflanzen lokalisiert.

Bevor Hans Herren seine Maniokexpedition starten konnte, musste er das nötige Geld finden, denn ein solches Unternehmen lag ausserhalb der finanziellen Möglichkeiten des IITA. Er stellte ein Gesuch an den International Fund for Agricultural Development (IFAD, eine Sonderorganisation der UNO) und erhielt innert Monatsfrist eine Projektunterstützung von 250 000 Dollar. Das biologische Konzept zur Bekämpfung der verheerenden Maniokpest stiess also auf breites Interesse. Nun konnte Hans Herren in Lateinamerika loslegen. Er beschaffte sich einen Kombiwagen, rüstete das Vehikel als fahrbares Labor aus und startete 1980 in Mexiko zur anspruchsvollen Insektentour.

Suche nach der entomologischen Stecknadel

In den ersten Monaten inspizierte Herren intensiv Maniokfelder von Mexiko bis Panama. Vergeblich. Für den Sprung nach Südamerika parkte er sein Laborauto in Panama und reiste per Flugzeug nach Kolumbien. Hier arbeitete in Cali am Internationalen Zentrum für Tropische Landwirtschaft (CIAT) der Insektenforscher Tony Bellotti, ein alter Freund von Herren. Hans überzeugte Tony von seiner Idee der biologischen Schädlingsbekämpfung, und die beiden Entomologen machten sich gemeinsam auf die Suche nach der Maniokschmierlaus.

Von Kolumbien ging die Expedition nach Venezuela und Brasilien und schliesslich bis nach Paraguay am südlichen Rand der traditionellen Maniokregion. Wenn Herren zwischendurch ins Institut nach Afrika zurückkehren musste, beauftragte er Bellotti, an bestimmten Orten weiter nach der schädlichen Schmierlaus zu suchen. Ende 1981 entdeckte Tony eines Tages in Caacupé, einem Dorf in der Nähe von Paraguays Hauptstadt Asunción, in einem Maniokfeld schliesslich *Phenacoccus manihoti*, die ominöse Maniokschmierlaus.

Die Fundstelle lag in der letzten der fünf festgelegten Suchregionen; Herren und Bellotti hatten hier bereits sechs Monate zuvor erfolglos nach der Laus gesucht. Es waren gut zwei Jahre seit Beginn des Maniokprogramms vergangen. Wie erhofft, tummelten sich neben der Maniokschmierlaus im Feld etliche Insektenarten, die möglicherweise Feinde der Schmierlaus waren. Vielversprechend schienen Marienkäfer und Schlupfwespen, von denen man generell wusste, dass sie gerne andern Insekten nachstellen – hatte Hans Herren doch bereits als Student im Engadiner Wald miterlebt, wie Schlupfwespen den Raupen der Lärchenwickler den Garaus machten.

«Unsere Entdeckung der Maniokschmierlaus hat eine besondere Pointe», sagt Herren lachend. «Gleich neben dem Maniokfeld in Caacupé war ein Labor einer Forschungsanstalt und über der Tür stand ORSTOM, die Abkürzung für Office de la Recherche Scientifique et Technique d'Outre-Mer.» Dies war eine grosse Forschungsorganisation des französischen Staates mit zahlreichen Forschungsstätten in südlichen Ländern, vor allem in den französischen Kolonien und weiteren Orten in Übersee. 1998 wurde ORSTOM in IRD, Institut de Recherche pour le Développement, umbenannt.

«Der Clou der Geschichte: Auch in Brazzaville gab es ein Labor von ORSTOM, das sich mit Pflanzenzüchtung befasste», fährt Herren fort. «Da fiel bei mir der Groschen. Als ich später bei den ORSTOM-Leuten in Afrika nachfragte, ob man allenfalls Pflanzenmaterial aus Südamerika eingeführt habe, bestätigte man mir freimütig, man habe vor Jahren für Neuzüchtungen ganze Container mit Maniokstecklingen aus Paraguay und weiteren Orten importiert. Und dies ohne jede Quarantäne.» Nun wusste Hans Herren, wie die Maniokschmierlaus in den Kongo gekommen war.

Vorsichtige Evaluation der Nützlinge in England

Nachdem der Maniokschädling und seine möglichen Feinde in Südamerika lokalisiert worden waren, konnte der biologische Feldzug beginnen. Hans Herren stellte ein grösseres Team von Entomologen aus dem IITA in Nigeria, dem CIAT in Kolumbien sowie dem damaligen CIBC (Commonwealth Institute of Biological Control) in Trinidad zusammen, das nun in Paraguay und Brasilien nach den Feinden der Maniokschmierlaus suchte. Die Experten sammelten über ein Dutzend verschiedener Arten und Populationen von Schlupfwespen und Marienkäfern.

Um abzuklären, ob sich eine oder mehrere dieser Insektenvarianten als biologische Waffe gegen die Maniokschmierlaus in Afrika eigneten, wurde ein rigoroses Evaluationsprogramm lanciert. Das räuberische Insekt durfte nur die Maniokschmierlaus attackieren und für andere Tiere oder Pflanzen keine Gefahr darstellen. Denn unter allen Umständen musste der Fehler, wie er etwa in Australien gemacht worden waren, vermieden werden. Dort war 1935 zur Bekämpfung von schädlichen Insekten in Zuckerrohrplantagen die in Amerika heimische Aga-Kröte eingeführt worden. Die gefrässige Riesenkröte brachte den Zuckerrohrfarmern keinen Nutzen, dezimierte aber alsbald die lokalen Amphibienarten.

Da man keinerlei ökologische Risiken eingehen wollte, geschah die Evaluation fern von Afrika in England in den Treibhäusern der damaligen CAB (Commonwealth Agricultural Bureaux) bei London. «Wir mussten auch verhindern, dass mit den Insekten neue Krankheiten, etwa durch Viren oder Bakterien, nach Afrika eingeschleppt würden. Deshalb haben wir nur erwachsene Tiere aus Südamerika mitgebracht und diese über mehrere Generationen in der Quarantäne vermehrt», beschreibt Herren das Vorgehen. «Und die für die Evaluation nötigen Maniokpflanzen und Schmierläuse holten wir aus Afrika und nicht aus Südamerika nach England, um wiederum das Einschleppen von Krankheiten zu vermeiden.»

Aus dem Biowettbewerb ging schliesslich die Schlupfwespe *Anagyrus lopezi* (auch als *Epidinocarsis lopezi* bekannt) als Topfavorit für den Einsatz in den afrikanischen Maniokfeldern hervor. Die Schlupfwespe, nicht grösser als ein Zündholzkopf, legt ihre Eier in die Maniokschmierlaus, worauf die im Schmierlauskörper geschlüpften Larven ihren Wirt von innen her auffressen. Schon zwei Wochen nach der Eiablage kriecht die neue Schlupfwespengeneration ans Tageslicht und sucht sich neue Schmierlausopfer. Da *Anagyrus lopezi* im englischen Treibhaus ausschliesslich Maniokschmierläuse konsumierte, schien der ideale Nützling gefunden. Den endgültigen Beweis konnte allerdings nur der Test in Afrikas freier Natur liefern.

1982 vermehrte Herren die Schlupfwespe in Treibhäusern seiner nigerianischen Forschungsstation und liess einen ersten Schwarm im Maniokversuchsfeld frei. Nach einigen Monaten war die Bilanz erfreulich positiv: Die Wespen hatten nicht nur die Regenzeit überstanden, sondern sich auch über etliche Generationen vermehrt. Und die tüchtigen Wespen suchten sich bereits nach einer Generation ihre Opfer 20 Kilometer vom Freisetzungsort entfernt.

Afrikanische Stolpersteine

Die Zeit für den Grosseinsatz war gekommen. Hans Herren erarbeitete mit seinem Team ein Konzept, wie man Millionen von Schlupfwespen züchten und die Nützlinge vom Boden aus oder auch per Flugzeug über weite Gebiete in Afrika freisetzen könnte. Als Budget rechnete man mit 30 Millionen Dollar für fünf Jahre.

Als sich Herren aber bei der CGIAR, der Oberaufsicht seines Instituts, um den Kredit bemühte, erlebte er eine herbe Enttäuschung. «Man lachte mich aus und machte mir klar, das Projekt sei zu grandios. Überhaupt solle ich meinen Laden schliessen, denn biologische Schädlingsbekämpfung sei zu riskant», war laut Herren damals die Reaktion. «Und selbst am eigenen Institut fiel man mir in den Rücken. Bill Gamble, der mich 1979 nach Ibadan geholt hatte, war inzwischen pensioniert, und der neue Generaldirektor, Ermond Hartmans, ein Amerikaner holländischer Abstammung, gehörte zu den Leuten, welche die Lösung aller agrarwirtschaftlichen Probleme noch immer im Züchten neuer Sorten sahen.» Auch der Chef der Maniokabteilung und somit sein direkter Vorgesetzter, Sang Ki Hahn, ein aus Südkorea stammender Pflanzenzüchter, sei der festen Überzeugung gewesen, es liessen sich gegen die Schmierlaus unempfindliche Manioksorten züchten, etwa Sorten, die dank einem dichten Haarkleid auf den Blättern den Läusen das Sichfestsaugen verunmöglichten. «So ein ‹Chabis›», ärgert sich Herren noch heute. «Denn ein Pelz auf den Blättern wäre ein Paradies für Milben gewesen, die ohnehin schon den Maniok gefährden. Und da die Vermehrung über Stecklinge sehr langsam ist, hätte man für ein breites Zuchtprogramm mehr als 20 Jahre gebraucht. Eine Zeit, die wir angesichts der sich rasant ausbreitenden Pest bei Weitem nicht hatten.»

Der Streit mit dem IITA-Generaldirektor und mit Sang Ki Hahn eskalierte. «Ihre sture Ablehnung der Idee einer biologischen Schädlingsbekämpfung machten mich wütend. Selbst wissenschaftlich gut dokumentierte Argumente wollte Hahn nicht zur Kenntnis nehmen. Einmal war ich derart zornig, dass ich beim Hinausgehen aus seinem Büro die Tür derart heftig zuschlug, dass die Scheibe in Brüche ging. Von da an haben wir nicht mehr miteinander gesprochen», schildert Herren das schwierige Dienstverhältnis.

1984 begann Hans Herren trotz den internen Schwierigkeiten mit den systematischen Freisetzungen der gezüchteten Schlupfwespen. Die ersten Einsatzgebiete waren von der Schmierlaus befallene Maniokfelder in Nigeria und Togo. Wie gut sich die Schlupfwespen in der freien Natur zurechtfanden, zeigte die Beobachtung, dass sich eine der Wespenpopulationen fünf Monate nach der Freisetzung bereits 200 Kilometer weit verbreitet hatte. Nun erwies sich aber die nigerianische

Bürokratie als lähmende Hürde. Die gezüchteten Schlupfwespen wurden für die Freisetzung in weiter entfernte Gebiete vom Institut in Ibadan direkt zum lokalen Flugplatz gebracht und in ein Spezialflugzeug verladen. Da die erwachsenen Insekten ohne ihren grünen Lebensraum höchstens zwei Tage und nur mit Kühlung überleben, war es wichtig, dass die Maschine möglichst rasch starten und die Zielregion erreichten konnte, wo die lebende Fracht dann verteilt wurde. Effizienz gehörte leider nicht zu den Tugenden nigerianischer Beamter. Da die Reise über die Grenze ging, bestanden die Behörden für jeden Flug auf einer detaillierten Ausreisegenehmigung. Das bedeutete ein Ausfüllen von etlichen handgeschriebenen Formularen durch den Piloten für diverse Dienststellen, inklusive der Unterschrift vom Diensthabenden auf dem Tower, die über zahllose Treppen zu beschaffen war. So mussten die Forscher auf der Tarmac stundenlang in der Hitze warten – was die meisten der empfindlichen Insekten nicht überlebten.

Um das Projekt zu retten, musste eine radikal andere Lösung gefunden werden. Herren stellte den Antrag, ihm dank seinem Diplomatenstatus für seine Maniokkampagne eine Pauschalbewilligung für unbegrenztes Aus- und Einreisen zu erteilen. Vergeblich. Nun riss dem Schweizer der Geduldsfaden. Er hatte mittlerweile für sein Maniokrettungsprogramm eigene Geldgeber gefunden. Eine Gruppe von staatlichen Institutionen aus Nordamerika und Europa (darunter die Schweizer DEZA) sowie der UNO verpflichtete sich, einen Beitrag von 20 Millionen Dollar zu leisten. Mit einem eigenen Budget war Herren nicht mehr auf die Huld von IITA und CGIAR angewiesen; er beschloss, sich «selbstständig» zu machen. Er entliess den Grossteil seiner nigerianischen Mitarbeiter und machte sich mit den wichtigsten Leuten des alten Teams auf die Suche nach einem neuen Forschungsort.

Raffiniertes Zuchtprogramm

Hans Herren wurde in Cotonou in Benin, dem Nachbarstaat von Nigeria, fündig. Er baute direkt neben der Universität, die ihm auch das Land zur Verfügung stellte, seine eigene Forschungsstation für biologi-

Schon früh zeigt sich die Liebe von Hans Rudolf Herren zur Natur.

Der kleine Hans mit seiner Familie im Jahr 1955 in Champéry, Wallis.

Der Graue Lärchenwickler wird im Engadin alle neun Jahre zur Plage. Hans Herren studierte als Doktorand den Schmetterling und seine natürlichen Feinde, die Schlupfwespen.

Die aus den Eiern des Lärchenwicklers geschlüpften Raupen fressen die Lärchennadeln.

Milliarden von gefrässigen Raupen zerstören das Nadelkleid der Lärchen und lassen
den Engadiner Wald bereits im Frühsommer welken.

Mit einem baumhohen Gerüst (links) und einem Insekten-Staubsauger (rechts) untersuchte das ETH-Team in den 1970er-Jahren die Aktivität der nützlichen Schlupfwespen.

Die Alpine Forschungsstation war in alten Militärbaracken in Zuoz untergebracht.

Hans Herren (hinterste Reihe, vierter von links) um 1978 als Postdoc an der University of California in Berkeley.

In diesem Labor und diesem Versuchsgarten in Berkeley hat Herren geforscht.

Die riesigen Wurzeln der Maniokpflanze liefern in Afrika 200 Millionen Menschen bis zur Hälfte des täglichen Kalorienbedarfs.

Ein Brei aus Maniokmehl und Wasser ist die Basis für verschiedene Speisen.

Ein Forscher des Internationalen Instituts für Tropische Landwirtschaft in Nigeria (IITA) kontrolliert ein gesundes Maniokfeld.

Ab 1973 vernichtete die Maniokschmierlaus in Afrika unzählige Maniokfelder.

Die Maniokschmierlaus saugt sich auf den Blättern und an den Spitzen
der Schösslinge fest, was die Pflanze verkrüppeln und verdorren
lässt. Mit einer in Südamerika gefundenen Schlupfwespe lässt sich
der Schädling seit den 1980er-Jahren erfolgreich bekämpfen.

Hans Herren und seine wissenschaftlichen Mitarbeiter Peter Neuenschwander (Mitte) und
Kim Lema im Treibhaus am IITA in Ibadan mit ersten Schmierlaus- und Schlupfwespenzuchten.

Herren fotografiert von Schmierläusen befallene Maniokblätter.

Am 6. Dezember 1981 heiraten Barbara Gemmill und Hans Herren im kalifornischen Napa.

Matthew, Jeremy und Gisèle, die Kinder von Hans und Barbara in Cotonou, Benin, im Jahr 1988.

Im Dezember 1986 konnte Hans Herren am Parasitis-Kongress in
Genf der Fachwelt bereits die ersten Erfolge seines Programms zur
biologischen Bekämpfung der Maniokschmierlaus in Afrika vorstellen.

Der als fahrbares Labor ausgerüstete Kombiwagen auf der Suche nach der Maniokschmierlaus und ihren natürlichen Feinden in Guatemala.

Die Schlupfwespe *Anagyrus lopezi* legt ihre Eier in den Körper der Schmierlaus.

Hans Herren baute sich in Cotonou, Benin, ein futuristisches Forschungszentrum, um die in Paraguay gefundene Schlupfwespe in Millionenzahl zu züchten.

1993 besuchte Jimmy Carter Hans Herren und dessen Familie in Cotonou.

In den Treibhäusern in Cotonou mussten neben den Schlupfwespen auch deren Opfer, die Maniokschmierlaus, sowie Maniokpflanzen als Futter für die Schmierläuse vermehrt werden. Dazu war eine sorgfältige räumliche Trennung der verschiedenen Zuchtprogramme nötig.

Um die gezüchteten Schlupfwespen effizient zu den Schmierläusen zu bringen, musste das Flugzeug die Insekten möglichst nahe über dem Maniokfeld abwerfen.

Eine automatische Puste beförderte pro Minute 12 000 Schlupfwespen ins Freie.

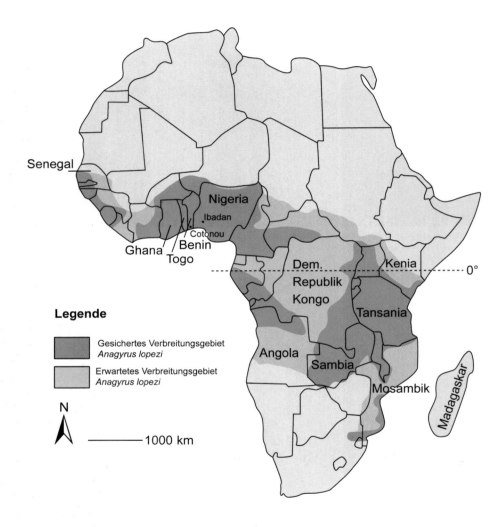

Senegal

Nigeria

.Ibadan

Cotonou

Ghana Benin
     Togo

Dem.   Kenia   0°
Republik
Kongo
                    Tansania

Angola
       Sambia

         Mosambik

Madagaskar

Legende

Gesichertes Verbreitungsgebiet
Anagyrus lopezi

Erwartetes Verbreitungsgebiet
Anagyrus lopezi

N

————— 1000 km

Nachdem bis 1992 Millionen von Schlupfwespen freigesetzt worden waren, verbreitete
sich der Nützling über weite Teile des Maniokgürtels und beendete die Schmierlausplage.
Eine Bestandesaufnahme um das Jahr 2000 zeigt den Siegeszug der Schlupfwespe.

sche Schädlingsbekämpfung. Nur 130 Kilometer von Ibadan entfernt, gehörte die Station offiziell zwar nach wie vor zum IITA; in der Forschungsarbeit waren Herren und sein Team aber autonom. Als «IITA African Center for Biological Control» errang die Station in Cotonou bald schon internationale Reputation.

«Ich baute mir eine Art Raumstation, einen fantastischen Bau mit einem zentralen, zwölfeckigen Kern und einem Ring von sternförmig angeordneten Gewächshäusern», schwärmt Herren noch heute. «Ich wollte quer durch das ganze Gebäude schauen und baute deshalb überall grosse Fenster ein.»

1988 war die Forschungsstation betriebsbereit. Herren und sein Team züchteten nun im grossen Stil aus der aus Südamerika importierten Schlupfwespe *Anagyrus lopezi* Millionen von Nachkommen. Der Vermehrungsprozess war indes alles andere als einfach. «Um nicht bereits in unsern Gewächshäusern ein Schmierlausproblem zu bekommen, machten wir eine strikte räumliche Trennung von Maniokproduktion und der Züchtung der Insekten. Ich installierte für die einzelnen Treibhäuser ein Zugangssystem mit Magnetkarten und steckte das Personal in verschiedenfarbige Uniformen. So durfte ein «Roter» nicht in ein «gelbes» Treibhaus und der «Gelbe» hatte keinen Zugang zum «grünen» Haus. Für die eher lockeren afrikanischen Mitarbeiter eine doch gewöhnungsbedürftige Regelung», beschreibt Herren sein damaliges Sicherheitsdispositiv.

Unter der Leitung des Agraringenieurs Thomas Haug wuchsen in einem der Treibhäuser je 150 Maniokstecklinge in grossen Plastikbehältern auf fahrbaren Gestellen. Als Substrat dienten zerkleinerte Kokosnussschalen; zum Schutz vor unerwünschten Insekten waren die Behälter mit einem Tüllsack bedeckt. Waren die Pflanzen gross genug, rollte man das Gestell zum Treibhaus mit den Schmierläusen, wo man die Schädlinge auf die Maniokpflanzen brachte, damit sich die Viecher auf ihrer Leibspeise vermehren konnten. Schliesslich kam der Maniok mit seinen Schmarotzern zu den Schlupfwespen, um nun den Nützlingen die zu ihrer Vermehrung nötige Kost zu geben.

Die gezüchteten Schlupfwespen für die Freisetzung zu sammeln, verlangte wiederum eine spezielle Technik. Über den Tüllsack wurde ein schwarzer Stoffsack gestülpt mit einem durchsichtigen Kunststofftrichter am oberen Ende. Flogen die Schlupfwespen nach oben ans Licht, gerieten sie in einen Behälter, wo die Insekten mittels Kohlendioxid in Schlaf versetzt wurden. Nun musste die Bioware in kleinere Portionen abgepackt werden, damit die Freisetzung entsprechend dosiert erfolgen konnte.

Mit Druckluftkanone und Kampfpilot

«Ein grossräumiges und effizientes Verteilen der Schlupfwespen war nur aus der Luft denkbar. Während das portionenweise Freisetzen der Insekten am Boden problemlos war, mussten wir für das Verteilen aus der Luft eine spezielle Technik finden. Dass wir Insektenforscher zusammen mit Ingenieuren schliesslich ein raffiniertes und gut funktionierendes System entwickeln konnten, macht mich noch heute stolz», sagt Hans Herren. Und er gibt eine detaillierte Beschreibung seines AIRS (Aerial Insect Release System). Eine Aluminiumkassette hatte als Boden und als Deckel eine 30 x 50 Zentimeter grosse Platte mit je 300 fingernagelgrossen, sich gegenüberliegenden Löchern. Zwischen jedem Lochpaar steckte ein kleines Röhrchen. Und in diese Röhrchen wurden je 50 der schlafenden Schlupfwespen von Hand abgepackt. Damit die Tierchen in den Röhrchen blieben, war die Lochkassette unten mit einem feinen Drahtnetz verschlossen und oben kam auf jede Röhrchenöffnung ein Kunststoffzäpfchen. Um es den Insekten bequem zu machen, wurde das untere Ende des Röhrchens mit Schaumstoff gepolstert.

Etwa alle zwei Tage konnten zwei bis drei Kassetten mit jeweils um die 15 000 Schlupfwespen bestückt werden. In Kühlboxen kam die heikle Fracht für den Verlad zum Flugplatz. Doch fragile Insekten lassen sich nicht ohne Weiteres in vollem Flug aus der Luft abwerfen. Entsprechend anspruchsvoll war auch hier die technische Lösung. Schon die Beschaffung der geeigneten Maschine trug abenteuerliche

Züge. Die Zürcher Firma Zimex Aviation hatte von der CIA, dem amerikanischen Geheimdienst, einige zweimotorige Turbo-Prop-Maschinen gekauft, die früher in Vietnam als Spionageflugzeuge verwendet worden waren. Umgebaut zu Sprühflugzeugen standen die Maschinen später für Ciba-Geigy in Afrika und Saudiarabien für Insektizidkampagnen im Einsatz. Als das Giftgeschäft nicht mehr so gut lief, verkaufte Zimex die Sprühmaschinen eine nach der andern.

«Als ich mit der Firma Kontakt aufnahm, war noch eine letzte Maschine zu haben. Okay, sagte ich mir, das könnte funktionieren», erinnert sich Herren. Er handelte für das Flugzeug und den Unterhalt einen Servicevertrag aus und liess die Maschine bei den Pilatuswerken in Stans zum Insektenbomber umbauen. Als Fluggeschwindigkeit für ein effizientes Freisetzen der Insekten wurden 380 km/h gewählt. Setzte man die Wespen bei dieser Geschwindigkeit im Luftraum unvermittelt frei, zersetzte der Aufprall auf die Luftmassen die Tierchen. Als Lösung konstruierten Ingenieure eine Art Venturi-Rohr, wie es in der Aviatik zum Messen der Fluggeschwindigkeit verwendet wird. Mit einer Eintrittsöffnung im Flugzeuginnern führte das Venturi-System entlang der Flugzeuglängsachse nach hinten und endete am Heck als Schlauch im Freien. Gab man die Insekten ins Venturi-System, wurden sie aufgrund der speziellen Röhrengeometrie im Flugzeuginnern nach hinten von null auf 380 km/h beschleunigt, wodurch die Vorwärtsgeschwindigkeit des Flugzeugs kompensiert wurde. Die empfindlichen Tierchen fielen praktisch ohne Relativgeschwindigkeit zur Aussenluft aus dem Flugzeug. Federleicht konnten sie dann gemächlich zu Boden schweben.

Als letzte technische Hürde musste noch ein Weg gefunden werden, wie man die in den Röhrchen wartenden Insektenportionen in rascher Folge zum Einlass des Venturi-Systems befördern konnte. Da gab es die österreichische Firma Eumig, die Filmkameras und Projektoren herstellte. Die Firma produzierte auch automatische Taktsysteme. «Eumig baute für uns eine automatische Insektenpuste», erzählt Herren. Ein elektrischer Taktmotor schob eine Pressluftdüse unter die Kassette von Röhrchenöffnung zu Röhrchenöffnung, und mit einem Luftstoss durch die Drahtgitterchen wurden die 50 Wespen mitsamt dem oberen Verschlussstöpsel ins Venturi-System gepustet.

«Tschü, tschü, tschü ging das wie mit einem Maschinengewehr», beschreibt Herren lachend den Freisetzungsautomaten. Der Pilot hatte am Steuerknüppel einen Auslöseknopf und konnte mit einer Kadenz von vier Röhrchen pro Sekunde die Insekten freischiessen. Damit man die wertvolle Fracht auch zielgenau am gewünschten Ort abwerfen konnte, beschaffte man sich ein GPS. «Das war damals noch ein mannshoher Kasten, den wir hinter dem Cockpit montierten und vor jedem Einsatz mit den lokalen Daten füttern mussten. Indem eine Bodencrew jeweils exakt die kranken Maniokfelder lokalisierte, konnten wir die Schlupfwespen genau dort freisetzen, wo sie benötigt wurden.»

Ein anspruchsvoller Aviatikjob braucht einen guten Piloten. «Wir verpflichteten Captain Bob Coles, einen ehemaligen Kampfpiloten der Royal Air Force. Man hatte ihn aus dem Dienst entlassen, weil er unerlaubterweise Akrobatik flog. Ein Fliegerheld, der auch Akrobatik liebt — genau das, was wir brauchten», sagt Hans Herren mit spitzbübischem Grinsen. Damit die Insekten im anvisierten Maniokfeld landeten und nicht vom Wind anderswohin verfrachtet wurden, musste das Flugzeug möglichst tief fliegen, am besten nur wenige Meter über dem Boden. Dass der R.A.F.-Haudegen der richtige Mann für den Job war, merkten die Insektenleute bei den Versuchsflügen über dem Gelände der Forschungsstation in Cotonou. «Wir hatten neben unserem Hauptgebäude eine prächtige Ölpalme», beschreibt Herren das Geschehen. «Erst war es still und plötzlich machte es rrooouum. Dann regnete es grüne Konfetti. Unser Pilot war derart knapp über das Haus geflogen, dass er mit dem Propeller den Scheitel der Palme zerschnetzelte.»

Mit seiner Schlupfwespenfracht flog der Pilot unermüdlich von Cotonou nach der Elfenbeinküste, nach Senegal oder Kamerun. Die Fliegerei hatte allerdings politische Tücken. In Ghana wurde das Flugzeug beinahe vom Militär abgeschossen. Wie vor fast allen Einsätzen hatte Herren auch in Ghana die Regierung über das Projekt informiert. Er hatte dort sogar persönlich mit dem Staatspräsidenten gesprochen und grünes Licht erhalten. Nur war das Okay vom Präsidentenpalast nicht bis zur Grenzmannschaft gelangt. Und als der Insektenbomber knapp über Grund von Togo her in den ghanesischen Luftraum flog, nahmen ihn die Flabkanonen ins Visier. In letzter Minute gelang es der wartenden Insektenbodenmannschaft, die Soldaten vom zerstörerischen Tun abzuhalten.

Für Einsätze im Osten Afrikas war die Reichweite der Spezialmaschine von Benin aus allerdings zu klein. Deshalb transferierte man im Linienflugzeug einen Schlupfwespenvorrat zu einer Unterstation in Nairobi, Kenia, und verteilte von dort aus die Insekten auf die Maniokfelder. So flog der Insektenbomber auch eine Serie von Einsätzen zwischen Nairobi und Mosambik im südlichen Ostafrika. Dabei musste Tansania überflogen werden. Dummerweise unterhielt der ANC (African National Congress), eine Untergrundbewegung im Kampf gegen die damalige südafrikanische Apartheid-Regierung, just unter der Flugroute ein Trainingscamp, das natürlich auf keiner Karte eingezeichnet war. Einmal mehr kam die brave Turbo-Prop in die Bredouille. Jagdflugzeuge des ANC zwangen die Maschine zur Landung und nahmen die Crew fest. Erst nach tagelangem Diplomatengestürm habe er seine Leute und das Flugzeug wieder freibekommen, sagt Herren. Biologische Schädlingsbekämpfung und Politik sind offensichtlich sehr unterschiedliche Welten.

Beispielloser Erfolg

Während gut zehn Jahren, von 1982 bis 1992, setzten Hans Herren und sein Team in 30 afrikanischen Ländern in einem breiten Gürtel von Senegal im Nordwesten bis nach Angola im Süden und Mosambik an der afrikanischen Ostküste 1,6 Millionen Schlupfwespen aus. Obwohl ein grosser Teil der Freisetzungen in den Maniokfeldern vom Boden aus erfolgte, war es nur dank der Verteilung aus dem Flugzeug möglich, die Schlupfwespen in nützlicher Frist auf das riesige Gebiet zu bringen.

1993 war die Schmierlausgefahr gebannt. Das Maniokprogramm bewahrte damit 200 Millionen Menschen ihre wichtigste Nahrungsquelle. Indem die sich anbahnende Hungersnot abgewendet werden konnte, dürfte das Leben von 20 Millionen Menschen gerettet worden sein. Das bisher grösste Programm einer biologischen Schädlingsbekämpfung hat mit einem verhältnismässig bescheidenen Aufwand von 20 Millionen Dollar der afrikanischen Landwirtschaft laut Schätzung der CGIAR einen Nutzen von 14 Milliarden Dollar gebracht – eine Bilanz, die im Pflanzenschutzgeschäft einmalig sein dürfte.

Obschon das afrikanische Maniokschutzprogramm seit bald 20 Jahren beendet ist, wirkt die Methode noch immer. Denn die künstlich angesiedelten Schlupfwespen vermehren sich nach wie vor überall dort, wo die Schmierlaus gedeiht. So leben die Nützlinge im natürlichen Gleichgewicht mit den Schädlingen. Das Programm der biologischen Schädlingsbekämpfung hat die Maniokschmierlaus keineswegs aus Afrika verbannt. Aber sie ist inzwischen zum problemlosen Teil der Fauna geworden, wie es in Südamerika, ihrer ursprünglichen Heimat, schon immer der Fall war. Eine von Peter Neuenschwander, dem Berner Insektenforscher am IITA, veröffentlichte Publikation im Jahr 2003, also zehn Jahre nach dem Ende der Aussetzungskampagne, zeigt, wo im afrikanischen Maniokgürtel die Schlupfwespe *Anagyrus lopezi* heimisch geworden ist und in welche Gebiete der Nützling vermutlich noch einwandern wird (siehe Karte auf Seite 64).

Gelegentlich kommt es im afrikanischen Maniokgürtel lokal wieder zu einem Schmierlausbefall – etwa wenn bei einer Heuschreckenplage sofort zur Giftspritze gegriffen wurde. Denn beim Insektizideinsatz gehen auch die Schlupfwespen zugrunde, was der Maniokschmierlaus ein Comeback ermöglicht. Die nützlichen Schlupfwespen fliegen aber innert Wochen aus der weiteren Umgebung ein und gehen der Schmierlaus erneut an den Kragen.

Im Gegensatz zur Insektenbekämpfung mit Insektiziden, die bei hartnäckigem Schädlingsbefall laufend wiederholt werden muss und Unsummen kostet, benötigt biologische Schädlingsbekämpfung in der

Regel nur einen zeitlich kurzen Einsatz mit entsprechend geringen Kosten. Haben sich die Nützlinge etabliert, arbeitet die Natur für die Bauern und für die staatlichen Behörden gratis – Nachhaltigkeit in Reinkultur. Ganz zu schweigen vom Nutzen für das gesamte Ökosystem und die Volksgesundheit, da auf Insektizide verzichtet werden kann.

Der durchschlagende Erfolg seines Konzepts der biologischen Schädlingsbekämpfung im Maniokprogramm verschaffte Hans Herren schliesslich auch beim IITA in Nigeria und bei der CGIAR Respekt und Anerkennung. 1992 avancierte der Schweizer Insektenforscher am IITA zum Direktor der Abteilung für Pflanzengesundheit.

1993 wurde Hans Herren eine besondere Ehre zuteil. Der frühere Präsident der Vereinigten Staaten, Jimmy Carter, besuchte mit seiner Frau Rosalynn und in Begleitung von Norman Borlaug, dem Vater der Grünen Revolution, die Forschungsstation in Cotonou in Benin. Carter hatte vom bahnbrechenden Maniokprogramm gehört und wollte sich die Sache persönlich ansehen. «Carter war sehr informiert und stellte präzise Fragen», erinnert sich Herren. «Er wollte ganz genau wissen, wie man mit biologischen Mitteln Schädlinge bekämpft, denn sein Ziel war es, Projekte zu unterstützen, die den Kleinbauern in Afrika helfen würden, aus der Armut herauszufinden. Unser Programm war für ihn deshalb besonders interessant.» Als Erdnussfarmer habe Carter sehr genau gewusst, wie wichtig der Schutz der Pflanzen vor Schädlingen und Krankheiten sei und dass nur eine ökologisch verträgliche und nachhaltige Schädlingsbekämpfung die Lösung sein könne. Hans Herren und Jimmy Carter blieben sich freundschaftlich verbunden. So war Herren später in Amerika Gast auf Carters Farm, und die beiden trafen sich wiederholt an afrikanischen Projektorten.

Dass auch Norman Borlaug in Benin mit auf Besuch war, freute Hans Herren besonders. Borlaug hatte Herren ja bereits zu Beginn seiner Studienzeit an der ETH inspiriert und für Pflanzenzüchtung begeistert. Obwohl Borlaug im Pflanzenschutz dann allerdings auf die Karte der Chemie gesetzt hatte und wenig von biologischer Schädlingsbekämpfung hielt, musste er den enormen Erfolg der biologischen Methode bei der Bekämpfung der Maniokschmierlaus nun auch anerkennen, was für Hans Herren eine grosse Genugtuung war.

Globaler Nutzen

Die Maniokstory von Hans Herren hat unlängst eine hochaktuelle Fortsetzung erfahren. Sichert Maniok in Afrika vor allem die Ernährung der lokalen Bevölkerung, hat die Pflanze in Südostasien enorme wirtschaftliche Bedeutung und wird von fünf Millionen Farmern kommerziell angebaut. Die aus den Wurzeln extrahierte Stärke geht in die industrielle Produktion verschiedenster Nahrungsmittel und wird auch zu Tierfutter oder Biotreibstoff verarbeitet. 90 Prozent des globalen Maniokexportes stammen aus Thailand, was dem Land jährlich 1,5 Milliarden Dollar einbringt.

Um 2007 tauchte auf Thailands Maniokplantagen eine Krankheit auf, welche das Blattwerk verkrüppelte und die Pflanzen zugrunde richtete. Innert Kürze waren 160 000 Hektaren befallen, mit Verlusten bis zu 50 Prozent. Wie in den afrikanischen Maniokgebieten gibt es auch in Thailand schon seit Längerem eine Schmierlaus, die vermutlich ebenfalls aus Südamerika stammt. Im Gegensatz zu *Phenacoccus manihoti*, dem legendären Schädling in Afrika, ist die in Thailand verbreitete *Phenacoccus madeirensis* für den Maniok keine Gefahr. Genauere Untersuchungen zeigten jedoch, dass sich nun aber neben *Phenacoccus madeirensis* die sehr ähnliche, jedoch hochgefährliche *Phenacoccus manihoti* in Thailands Maniok tummelte – die Ursache der Epidemie war gefunden. Thailand hatte also das exakt gleiche Problem wie Afrika 30 Jahre früher.

Ein erster Vorschlag, die Schädlinge mit grossräumigem Einsatz von Insektiziden zu bekämpfen, hätte zum ökologischen Desaster geführt und wurde bald schon ad acta gelegt. Da erinnerten sich die thailändischen Insektenforscher an die Erfolgsstory von Hans Herren im fernen Afrika. Sie konsultierten das IITA in Benin sowie das CIAT in Kolumbien und baten die Pioniere der biologischen Bekämpfung der Maniokschmierlaus um Hilfe. 2009 brachte ein Entomologe des IITA eine Kolonie der Schlupfwespe *Anagyrus lopezi* von Cotonou nach Bangkok, wo man sofort mit der Massenvermehrung und der Evaluation des Nützlings begann. In einer landesweiten Kampagne werden nun seit 2010 die Schlupfwespen auf die Maniokfelder gebracht. Die biologische Schädlingsbekämpfung trägt bereits erste Früchte.

Laut jüngsten Meldungen hat sich die Maniokschmierlaus mittlerweile nach Kambodscha, Laos und Vietnam weiterverbreitet. Tony Bellotti, Entomologe am CIAT in Cali (und vor 30 Jahren der Entdecker der Maniokschmierlaus in Paraguay) erwartet, dass der Schädling bald auch in Myanmar, Südchina, und möglicherweise in Indonesien und in den Philippen auftauchen wird. Falls die in Thailand freigesetzten Schlupfwespen nicht selber ihrem Feind in die neuen Gebiete folgen, können Freisetzungen in weiteren Ländern Südostasiens die Maniokschmierlaus in Schach halten. So ist die von Hans Herren ursprünglich für Afrika entwickelte Variante einer biologischen Schädlingsbekämpfung zum globalen Konzept eines nachhaltigen und die Natur schonenden Pflanzenschutzes geworden.

Mangoschmierlaus und Wasserhyazinthe

Der Sieg über die Maniokschmierlaus war zwar Herrens spektakulärstes Programm einer biologischen Schädlingsbekämpfung – aber keineswegs das einzige. Ähnlich wie beim Maniok litten auch Mangobäume seit den frühen 1980er-Jahren unter Schmierlausbefall. Der Schädling tauchte zuerst in Togo und Benin auf und eroberte sukzessive weitere Gebiete im westlichen und zentralen Afrika. Befallen waren Mangoplantagen, aber auch Mangobäume in den Pärken und entlang den Strassen der Städte. Da die Mangoschmierlaus *(Rastrococcus invadens)* aus Asien stammte, suchte Herren mit seinem Team die passenden Nützlinge ebenfalls in Asien. Man wurde in Indien fündig: Die beiden Wespenarten *Gyranusoidea tebygi* und *Anagyrus mangicola* attackieren und zerstören die Mangoschmierlaus. Nach den entsprechenden Sicherheitstests setzte man die Nützlinge ab 1988 auf den

Mangobäumen frei. Die Insekten halten noch heute ohne weiteren Aufwand in Afrika die Mangoschmierlaus in Schach, wobei sich *Gyranusoidea tebygi* vor allem auf dem Land, *Anagyrus mangicola* eher auf den Stadtbäumen nützlich macht.

Neben Insekten können auch andere Organismen Nützlinge sein. Gegen Wanderheuschrecken fand das Cotonou-Team wiederum in Zusammenarbeit mit CABI (die ursprünglich britischen CAB waren zu CAB International geworden) in Niger einen Pilz *(Metarhizium anisopliae)*, der spezifisch die Heuschrecken befällt. Der Pilz überwuchert den Tierkörper, macht ihn regungslos und tötet die Heuschrecke innert Wochenfrist (ähnlich wie es in der Schweiz zur Bekämpfung des Maikäfers praktiziert wurde). Für den Einsatz werden die Pilzsporen zum Schutz vor dem Austrocknen mit Öl gemischt. Die Mischung wird entweder per Flugzeug oder mit Handpumpen vom Boden aus auf die Heuschreckenschwärme gesprüht.

Ziel einer biologischen Schädlingsbekämpfung kann auch eine schädliche Pflanze sein. In den Lagunen von Benin hatten sich Wasserhyazinthen festgesetzt und bedrohten die Mangrovenwälder. Die Mangroven sind die Kinderstube zahlreicher Fischarten. Entsprechend wichtig ist der Mangrovenwald für die Fischerei. In den politisch wirren 1960er-Jahren hatte man in Benin die Mangrovenwälder abgeholzt, um mit dem Export von Salz nach Europa Riesengewinne zu machen. Als man den ökologischen und wirtschaftlichen Unsinn erkannte, waren die Mangrovenwälder verschwunden. Daher züchtete man Mangrovenpflanzen und versuchte, sie in den Lagunen wieder anzusiedeln.

Mittlerweile hatten sich in den Lagunen aber Wasserhyazinthen etabliert. Wegen der hübschen violetten Blüten hatte man die frei auf dem Wasser schwimmende Pflanze Ende des 19. Jahrhunderts als Zierpflanze für Teiche aus Brasilien nach Java gebracht. Bald schon besiedelten die robusten und sich enorm rasch vermehrenden Pflanzen zahllose Gewässer weltweit in den feuchtwarmen Zonen der Tropen und Subtropen. Die Wasserhyazinthen bilden auf der Wasseroberfläche riesige Teppiche; sie behindern die Schifffahrt, verstopfen die Einlassrohre von Wasserversorgungen und Kraftwerken und sind Brutstätten für Moskitos.

In den Lagunen von Benin drückten die Wasserhyazinthen die neu gepflanzten Mangroven unter Wasser, was die Jungpflanzen verfaulen liess. Nachdem Versuche einer mechanischen Bekämpfung der Pest erfolglos blieben, suchten die Mangrovenzüchter Rat bei den Insektenforschern. «Ich fand mithilfe eines Fachkollegen in Südafrika einen Rüsselkäfer, der wie die Wasserhyazinthe seinen Ursprung im Amazonasgebiet hat und auf diese Wasserpflanze spezialisiert ist», beschreibt Herren die Lösung des Problems. «Der Rüsselkäfer frisst sich in den Pflanzenstängel, worauf die Blüte vom Stiel fällt. So gibt es keine Samen mehr und die Pflanze stirbt aus.» Ihren grössten Erfolg erzielte die Rüsselkäfermethode später im Victoriasee. Der zweitgrösste Frischwassersee der Welt war (und ist zum Teil noch heute) von der Wasserhyazinthenpest besonders stark betroffen. Der Einsatz der Nützlinge eliminierte in kurzer Zeit 60 Prozent des Hyazinthenteppichs.

Erst im dritten Anlauf

Es soll nicht verschwiegen werden, dass biologische Schädlingsbekämpfung auch erfolglos sein kann. Während die Maniokschmierlaus sukzessive unter Kontrolle gebracht werden konnte, hatte man in gewissen Maniokgebieten mit der Grünen Spinnmilbe ein weiteres Problem. Sie nistet sich ebenfalls auf der Blattoberfläche ein und schädigt als Schmarotzer die Pflanze. Die Milbe war aus Kolumbien nach Afrika eingeschleppt worden – diesmal von einem sorglosen Wissenschafter der Makerere-Universität in Uganda, der am CIAT in Cali einen Pflanzenzüchterkurs mitgemacht hatte. Der Wissenschafter hatte gegen die Regel des CIAT wie der ugandischen Quarantänebehörden nach dem Kurs illegalerweise Pflanzenmaterial nach Hause mitgenommen.

Die Grüne Spinnmilbe bevorzugt eher trockenes Klima und etablierte sich deshalb in den Savannen, einem Gürtel von Senegal im westlichen Afrika quer über Zentralafrika bis nach Uganda und Kenia im

Osten, zudem auch auf den Seychellen im Indischen Ozean. Nigeria und Benin, die Forschungsbasis von Hans Herren, lag mitten im Schadensgebiet des Insekts. Da die Grüne Spinnmilbe an gewissen Orten bis zur Hälfte der Maniokbestände vernichtete, nahmen die Insektenforscher am IITA auch diesen Schädling ins Programm.

In Kolumbien, dem Herkunftsland der Grünen Spinnmilbe, suchte das Team von Herren nach möglichen Nützlingen. Es zeigte sich, dass verschiedene Raubmilben den Spinnmilben nachstellen. Man sammelte eine grosse Auswahl verschiedener Arten und Stämme der Nützlinge und evaluierte die Kollektion wiederum in der europäischen Quarantäne, erst in England und später in Holland. Schliesslich setzte man zwischen 1984 und 1988 über 50 Millionen Tiere aus neun Arten von Raubmilben in zehn afrikanischen Ländern aus.

Die Enttäuschung war gross. Denn keiner der südamerikanischen Nützlinge konnte sich in Afrika etablieren; die in den Maniokfeldern freigesetzten Tiere verschwanden alsbald. Fauna und Flora einer bestimmten Region sind nun einmal ein komplexes Ökosystem und das Überleben eines neuen Gastes ist entsprechend heikel. Vermutlich fielen die Nützlinge den trockenen Perioden, wo ihre Beute sehr knapp wird, zum Opfer. Nach fünf Jahren vergeblichen Bemühens wurde das Milbenprogramm eingestellt.

Die Geschichte hat indes ein Happyend. Es wollte Hans Herren nicht in den Kopf, dass es in Südamerika, dem Herkunftsland der schädlichen Spinnmilbe, keinen natürlichen Feind geben soll, der seinem Opfer auch im afrikanischen Exil an den Kragen gehen könnte. In jenen Jahren hatte man weltweit damit begonnen, für die verschiedensten Fragen Geografische Informationssysteme (GIS) einzusetzen. So war auch am CIAT in Kolumbien ein GIS entwickelt worden, das in einem Weltmodell die lokalen Temperaturen, saisonale Niederschläge sowie Arten von Böden und Vegetationen darstellte. «Wir haben die Parameter unserer Maniokgegenden in Nigeria und Benin ins System gefüttert und geschaut, wo in Südamerika die gleichen Wetter- und Bodenbedingungen zu finden sind. In der Hoffnung, dass es einem

Nützling aus einer solchen südamerikanischen Gegend auch im ähnlichen afrikanischen Klima gefallen würde», erläutert Herren seine Taktik.

Das Team aus Cotonou und Cali unter der Leitung von Steve Yaninek, einem jungen Wissenschafter aus Berkeley, identifizierte eine Region im Nordosten von Brasilien als klimatisches Schwestergebiet und suchte dort nach dem Feind der Grünen Spinnmilbe. Man fand wiederum mehrere Arten von Raubmilben, evaluierte sie in der europäischen Quarantäne und setzte zwischen 1989 und 2000 über sechs Millionen Tiere aus sechs Arten an 400 Orten in Afrika aus. Aber einmal mehr bahnte sich eine Enttäuschung an. Die Raubmilbe *Neoseiulus idaeus* fasste zwar Fuss in Benin und Kenia, breitete sich aber nicht weiter aus. Eine andere Raubmilbe, *Typhlodromalus manihoti*, überlebte in Benin, Nigeria, Ghana und Burundi, dehnte ihren Lebensraum aber nur sehr langsam in Nachbargebiete aus. Für das riesige Schadensgebiet der Grünen Spinnmilbe war dies also keine Lösung.

Schliesslich hatte die Natur doch noch ein Einsehen mit den geplagten Maniokbauern (und den frustrierten Entomologen). Eine der brasilianischen Raubmilben, *Typhlodromalus aripo*, wurde zum späten Hit. Zuerst 1993 in Benin und dann sukzessive in 19 weiteren afrikanischen Ländern südlich der Sahara freigesetzt, gedieh der Nützling überall prächtig und eroberte sich rasch weitere Maniokgebiete. Für die grossräumige Verteilung des Nützlings hatte man wie bei der Bekämpfung der Maniokschmierlaus das Spezialflugzeug eingesetzt.

Die räuberische Milbe ist heute ein natürlicher Teil des Maniokökosystems und hält die Grüne Spinnmilbe auf einem Gebiet von gegen vier Millionen Quadratkilometern in Schach. Damit lieferte auch die biologische Bekämpfung der Grünen Spinnmilbe für den Maniokfarmer eine kostenlose und nachhaltige Lösung. Zum Erfolg hat nicht zuletzt die spezielle Lebensweise von *Typhlodromalus aripo* beigetragen. Die Raubmilbe lebt bevorzugt in den Spitzen der Maniokschösslinge. Da man die Pflanze per Steckling vermehrt und mit diesem Pflanzenmaterial ein lebhafter Handel stattfindet, wird der Nützling als diskrete

Fracht laufend in alle Maniokregionen transportiert. Zudem ernährt sich die Raubmilbe auch vom Nektar, den die Maniokpflanze in der Blüte und in den Achseln der Blattstiele produziert. So übersteht der Nützling problemlos auch jene Jahreszeiten, in denen es nur wenige Spinnmilben gibt.

Und die Gentechnik?

Hans Herren macht in seinen schriftlichen und mündlichen Äusserungen keinen Hehl aus seiner Abneigung gegen die Gentechnik im Pflanzenbau. Zwar möge es eines Tages die eine oder andere sinnvolle Anwendung geben. Dies setze jedoch voraus, dass man keine besseren Lösungen finden konnte und die ökologische und gesundheitliche Unbedenklichkeit unabhängig von kommerziellen Interessen nachgewiesen wurde. Insgesamt sei aber der für gentechnische Forschung und Entwicklung getriebene Aufwand viel zu gross, und man würde die Mittel besser in einen nachhaltigen Umgang mit dem Boden, in die Förderung der alten und lokal gut angepassten Pflanzensorten sowie in den biologischen Landbau stecken, lautet sein Credo.

Beim Maniok macht neben der Schmierlaus und der Spinnmilbe auch ein Virus den Bauern Sorge. Das Maniok-Mosaikvirus befällt epidemieartig die Felder grosser Regionen und kann die Ernte bis zu 90 Prozent zerstören. Die vom Virus befallene Pflanze zeigt auf den Blättern ein typisches Mosaikmuster. Das Virus breitet sich vor allem aus, weil bei der Maniokvermehrung unwissentlich infizierte Stecklinge gepflanzt werden. Aber auch die Weisse Fliege *(Bemisia tabaci)* überträgt das Virus, indem sie an infizierten Pflanzen saugt, dabei das Virus aufnimmt und dann bei einem nächsten Saugen eine gesunde Pflanze infiziert.

Ist eine Pflanze vom Virus befallen, hilft keine äussere Chemie, denn der Erreger steckt in der Pflanze drin. Und gegen Viren können auch nützliche Insekten nichts ausrichten. Also ein Fall für genetische Manipulation? In der Tat laufen seit vielen Jahren diverse Forschungsprogramme, die mit fremden Genen die Maniokpflanze gegen das

Virus resistent machen wollen. Obschon Ansätze zu solchen genverän-
derten Sorten gefunden wurden, hat sich noch keine praxistaugliche
Lösung gezeigt. Und falls eines Tages ein virusresistenter Maniok auf
dem Agromarkt erscheinen sollte, dürfte er für den afrikanischen
Kleinbauer kaum erschwinglich sein.

Für Hans Herren gibt es auch gegen das Maniok-Mosaikvirus biologische oder traditionelle Lösungen. «Es gibt sicher auch gegen die
Weisse Fliege einen natürlichen Feind, den man züchten und fördern
könnte», ist Herren überzeugt. Auch existierten traditionelle Manioksorten, die gegen Weisse Fliegen nicht sehr anfällig oder gegen das
Virus tolerant seien. Den Hauptnutzen brächte aber eine angepasste
Anbaupraxis, die früher sehr wohl bekannt gewesen, in neuerer Zeit
aber in Vergessenheit geraten sei. Durch sorgfältiges Beobachten der
Maniokblätter kann der Bauer einen Virusbefall schon früh am
Mosaikmuster erkennen und die kranken Pflanzen umgehend entfernen. Und noch wichtiger: Indem man Stecklinge vor dem Auspflanzen
während 10 Minuten in gut 50 Grad warmes Wasser legt, werden Viren
zuverlässig abgetötet; so wird eine Weiterverbreitung verhindert. Bei
einem starken Befall durch Weisse Fliegen ist für Herren auch der
dosierte Einsatz von Insektiziden vertretbar. Gentechnik brauche es
also selbst für das Maniok-Virusproblem nicht.

Gesundheit für Mensch, Tier, Pflanze und Umwelt

Nachhaltige Forschung am ICIPE in Kenia

Die Beförderung zum Direktor der Abteilung für Pflanzengesundheit am Internationalen Institut für Tropische Landwirtschaft (IITA) in Nigeria im Jahr 1992 war für Hans Herren zwar ehrenvoll, seine Liebe zum Forschen geriet dadurch aber etwas in den Hintergrund. Die gewaltigen Herausforderungen in der Bekämpfung der Maniokschädlinge waren erfolgreich gemeistert, die nun zu lösenden Probleme erschienen Herren weniger attraktiv. Seine Abteilung suchte unter anderem nach einem verbesserten Pflanzenschutz bei der Kuhbohne und beim Mais.

Die Kuhbohne, eine in den trockeneren Gebieten von Westafrika angebaute Hülsenfrucht, ist für die Landbevölkerung ein wichtiger Eiweisslieferant. Leider wird auch die Kuhbohne von diversen Schädlingen befallen, etwa von *Maruca vitrata*, einem Schmetterling, der sich in die Hülse bohrt und die Pflanze ruiniert. Da bei der Vielfalt von Schädlingen eine biologische Schädlingsbekämpfung allein nicht die Patentlösung sein konnte, setzte man auf integrierten Pflanzenschutz. Hier ergänzen sich verschiedene Schutzmassnahmen zu einem möglichst wirkungsvollen und trotzdem umweltfreundlichen Konzept. So suchen die Pflanzenzüchter nach Sorten mit verbesserter Resistenz. Wo nötig werden Insektizide in streng dosierten Mengen eingesetzt. Und die Entomologen hoffen, gegen den einen oder andern Schädling den passenden Nützling zu finden. Bei dem komplexen Fall der Kuhbohne waren die Bemühungen am IITA jedoch nur mässig erfolgreich.

Besser funktionierte das Konzept eines integrierten Pflanzenschutzes beim Mais. Hier verursachen vor allem der Grosse Kornbohrer, ein Käfer, der sich in die Maiskörner bohrt, und verschiedene Arten von Stängelbohrern grosse Vor- und Nacherhnteverluste. Auch wird Mais im feuchten Klima von Schimmelpilzen, die hochgiftige und krebserregende Aflatoxine produzieren, sowie von Mehltau befallen. Hans Herren und seine Pflanzenschutzexperten fanden als biologische Massnahmen einen räuberischen Käfer gegen den Grossen Kornbohrer sowie einen nützlichen Pilz gegen den Schimmelbefall. Gegen die Stängelbohrer allerdings blieb dem Team der Erfolg verwehrt.

Lust auf Neues
«Im Jahr 1994, nach 15 Jahren am IITA in Ibadan und Cotonou, war für mich die Zeit für eine Neuorientierung gekommen. Ich hatte mit dem Sieg über die Maniokschmierlaus einen wohl einmaligen Erfolg realisiert. Jetzt sass ich in meinem Büro und stellte mir am Morgen jeweils die Frage: ‹Was gibt es heute als neuen Challenge?›», schildert Herren seine damalige berufliche Situation.

Auch aus privater Sicht drängte sich für Hans Herren ein Ortswechsel auf. 1979 war er erst ohne seine künftige zweite Frau, Barbara Gemmill, nach Nigeria gekommen. Nachdem Barbara ihr Masterstudium in Ökologie abgeschlossen hatte, fand sie an der University of California in Davis einen Professor, bei dem sie eine Doktorarbeit über Waldneuwuchs in Afrika nach Kahlschlag und Brandrodung machen konnte. Für diese Forschung fand sie am IITA in Ibadan einen Ökologen, der ebenfalls am Thema interessiert war und Barbara fachlich betreute. So fanden Hans und Barbara im fernen Afrika ein neues Heim.

Aus dem Paar wurde bald schon eine Familie. Zwei Buben und ein Mädchen, Matthew, Jeremy and Gisèle, kamen zwischen 1983 und 1988 zur Welt. Für die Geburt flog Barbara jeweils nach Kalifornien, die Jugendzeit verbrachten die Kinder aber bei den Eltern in Afrika. «Für unsere Kinder ist Afrika die Heimat. Sie wollen auch heute als Erwachsene immer wieder dorthin zurück. Kalifornien und die Schweiz sind schon recht; richtig zu Hause aber fühlen sie sich nur in Afrika», schildert Herren die Wurzeln seiner Kinder.

Zum Problem wurde für die Familie Herren in Afrika allerdings die Ausbildung. «Die französische Schule in Cotonou war so schlecht, dass selbst die Franzosen ihre Kinder aus der Schule nahmen. Wir mussten eine andere Lösung finden. 1992 ging Barbara mit den Kindern nach Kalifornien zurück, wo wir in Davis neben der Uni ein Haus hatten. Dies war ein weiterer Grund, weshalb ich 1994 einen neuen Job suchte.»

Nächtlicher Notruf aus Nairobi
Hans Herren kehrte ebenfalls nach Kalifornien zurück, in der Hoffnung, hier Arbeit zu finden. Da läutete mitten in der Nacht das Telefon. Am Apparat war Bill Mashler, Präsident des Aufsichtsrats des ICIPE in Nairobi, Kenia (siehe Karte auf Seite 125), und als früherer Aufsichtsrat beim IITA ein alter Bekannter von Herren. Das ICIPE (International Centre of Insect Physiology and Ecology) war 1970 gegründet worden, mit dem Ziel, durch ein besseres Verständnis der schädlichen Insekten die Nahrungsbasis der Bevölkerung in den Tropen zu sichern und die Gesundheit von Mensch, Tier und Pflanze zu verbessern. Trägerschaft ist ein internationales Konsortium staatlicher und privater Entwicklungshilfe sowie die Weltbank und die UNO. Das ICIPE gehört zwar nicht zur CGIAR, der Beratungsgruppe für Internationale Agrarforschung, der unter anderem das IITA in Nigeria und das CIAT in Kolumbien unterstellt sind. Da aber die Geldgeber weitgehend identisch sind, ist das ICIPE praktisch ein Schwesterinstitut der CGIAR-Institute.

Herren kannte das ICIPE von seiner Arbeit am IITA bestens. Die beiden Institute hatten bei diversen Projekten zusammengearbeitet, etwa bei der Bekämpfung der Grünen Spinnmilbe oder bei den Schutzprogrammen für die Kuhbohne und für den Mais. Man hatte auch Wissenschafter ausgetauscht oder gemeinsam ausgebildet. «Hans, wir brauchen dich in Nairobi!», habe Mashler am Telefon gesagt. «Wofür?», sei seine verwunderte Antwort gewesen, erinnert sich Herren. Und Mashler schilderte seinem Kollegen die Misere am ICIPE.

Mann der ersten Stunde und seit einem Vierteljahrhundert Direktor am Institut war Thomas Odhiambo, ein visionärer Afrikaner aus Kenia. Er hatte in England Insektenkunde studiert und war zu einem der führenden Wissenschafter Afrikas avanciert. Als Gründer sowohl der afrikanischen als auch der kenianischen Akademie der Wissenschaften genoss er internationales Ansehen. Odhiambo war zwar ein sehr guter Wissenschafter; als Chef des ICIPE war ihm die Sache aber über den Kopf gewachsen. Er hatte das Institut von Grund auf aufgebaut und laufend erweitert. Schliesslich waren dort 1000 Leute beschäftigt mit einer kaum mehr überblickbaren Zahl von Projekten.

Das Institut begann unter Vetternwirtschaft zu leiden. Als die Geldgeber sahen, dass Gelder nicht gemäss den Projektvorgaben verwendet wurden, verweigerten sie die weitere Finanzierung. Kenia leistete damals etwa 20 000 Dollar an das Institutsbudget; der Löwenanteil der insgesamt 4,5 Millionen Dollar kam aus den USA, aus Skandinavien, Deutschland, Frankreich und der Schweiz. Die USAID, die US-Behörde für Entwicklungszusammenarbeit, stellte schliesslich die Bedingung, dass ihnen das ICIPE 3 Millionen Dollar nicht korrekt verwendeter Gelder zurückerstatte, bevor mit weiterer Unterstützung zu rechnen sei. Den renommierten Gründer des Instituts von seinem Chefposten zu entfernen, war in einem Land wie Kenia besonders schwierig. Erst als das ICIPE praktisch bankrott war, räumte Odhiambo im Mai 1994 seinen Sessel.

Mit eisernem Besen

Hans Herren nahm die neue Herausforderung an. Der Aufsichtsrat ernannte ihn zum ICIPE-Generaldirektor. Einmal mehr musste er einen Forschungsplatz von Grund auf neu aufbauen. Er zog im Herbst 1994 mit seiner Familie nach Nairobi. Um sich für die harte Sanierungsarbeit politische Rückendeckung zu verschaffen, ging er mit Bill Mashler direkt zum damaligen Staatspräsidenten Daniel arap Moi, denn das ICIPE war als Kenias wichtigste Forschungsstätte ein Staatssymbol. Herren und Mashler schilderten Moi schonungslos die desolate Situation. Und Moi tat seine Meinung sinnbildlich kund: «Man muss sein Kleid nach dem Stoff schneidern, den man hat.» Herren erinnert sich mit strahlendem Gesicht an die heikle Begegnung: «Ich hatte die Botschaft verstanden. Und ich habe geantwortet: ‹Okay, fine. And thank you very much, Mister President.›» Moi habe die radikale Reorganisation des ICIPE dann voll unterstützt und sich nie in Institutsangelegenheiten eingemischt.

Nun mussten die Geldgeber wieder an Bord geholt werden. Herren entwickelte für das Institut ein neues Konzept. Neben der Bekämpfung von schädlichen Insekten wollte er auch nach Möglichkeiten suchen, wie man Insekten wirtschaftlich nutzen könnte, etwa durch Züchten von Honigbienen oder Seidenraupen. Zu diesem Zweck wurden am ICIPE eine neue Abteilung für Umwelt und Biodiversität geschaffen und ein Programm für kommerzielle Insekten CIP (Commercial Insects Program) auf die Beine gestellt, mit dem erfahrenen Insektenforscher Suresh Kumar Raina als Programmleiter.

Am ICIPE war die Gesundheit von Pflanze, Tier und Mensch (etwa Malaria) bereits ein Forschungsthema. Mit seinem neuen Konzept erweiterte Hans Herren das Spektrum auf «vier H»: neben Health für Mensch, Tier und Pflanze nun auch Gesundheit für die Umwelt – ein bis dahin in Afrika kaum ernsthaft verfolgtes Ziel. Für die Umweltforschung holte sich Herren den Spezialisten Scott Miller aus Amerika, einen Entomologen, der sich besonders in Fragen der Biodiversität auskennt. Man wollte die Insektenwelt künftig in ihrer ganzen biologischen Vielfalt erforschen und die Gesundheit von Mensch, Tier, Pflanze und Umwelt als eng vernetztes Geschehen erfassen. Miller baute die Abteilung für Umwelt und Biodiversität zwei Jahre lang auf und wurde dann an die Smithsonian Institution nach Washington D.C. berufen; die Nachfolge am ICIPE übernahm Ian Gordon.

Hans Herren überzeugte mit seinen Ideen; die Gelder begannen wieder nach Nairobi zu fliessen. Am Anfang stand allerdings der personelle Kahlschlag, da Herren die Kosten drastisch senken musste. Kurzerhand stellte er 800 der 1000 Mitarbeitenden vor die Tür, wobei er aus Gefälligkeit angestelltes Personal und überzählige Gärtner, Techniker und Sekretärinnen entliess.

Die Entlassungswelle war für das an einen gemütlichen Stil gewohnte Personal am Institut ein Riesenschock. Und das radikale Vorgehen trug Herren neben massiven Anfeindungen und anonymen Morddrohungen den Vorwurf ein, er sei Rassist. Denn ein Grossteil der alten Belegschaft und damit auch der Entlassenen gehörte zur Volksgruppe der Luo – nicht ganz zufällig die Ethnie des früheren Direktors Odhiambo. «Der gekränkte Odhiambo und seine Anhängerschaft wollten mich aus Kenia verbannen lassen. Ein vergebliches Bemühen, da ich die volle Unterstützung des Staatspräsidenten genoss. Es tat mir leid, den verdienten Wissenschafter nun als Gegner zu haben. Der radikale Neubeginn am ICIPE war aber leider nicht ohne Geburtswehen möglich», erinnert sich Herren an die turbulenten ersten sechs Monate.

Honig als neuer Wirtschaftszweig

Der süsse Honig der Wildbienen wird in Afrika seit Jahrtausenden genutzt. Als Notvorrat gehört er bei der Landbevölkerung in jeden Haushalt; in Tee aufgelöst ist er ein natürliches Medikament und dient der Gesundheitsvorsorge. Und hält ein junger Mann um die Hand seiner Braut an, nimmt er für seinen künftigen Schwiegervater wohlweislich einen Topf Honig mit.

Suchte man ursprünglich in den Baumhöhlen nach den Honigvorräten der Wildbienen, höhlen heute traditionelle Honigproduzenten Rundhölzer aus, worin die Bienen dann ihre Waben bauen. Dies liefert viel Wachs, aber eher wenig Honig. Für die Ernte werden die Bienen mit Feuer vertrieben. Dabei gehen manche Bienenvölker zugrunde, und es entstehen nicht selten Waldbrände.

Hans Herren erkannte, dass sich mit relativ bescheidenen Mitteln die lokale Bienenhaltung bereits stark verbessern liesse. Durch die Nutzung der Biene als natürliche Ressource wird vor allem auch die Umwelt geschont, die durch die herkömmliche Landwirtschaft mit Abbrennen von Wald und Roden von Buschland, Übernutzen der

Wasserreserven und Bodenerosion stark bedroht ist. Wer in Afrika Honig effizient produzieren und verkaufen kann, sichert sich seine Existenz – auch ohne eigenen Boden, ohne Kuh und Ochse und ohne teures Saatgut und Kunstdünger. Nicht zuletzt kann eine verstärkte Förderung der Bienenzucht Afrikas mangelhafte Ernährungssicherheit verbessern, denn Bienen sorgen zu 80 Prozent für die Befruchtung der Wild- und Kulturpflanzen.

Die afrikanischen Wildbienen haben enormen Bienenfleiss, sie liefern im gleichen Zeitraum doppelt bis dreimal so viel Honig wie europäische Zuchtbienen. Da sich die Wildbienen in den Tropen gegen zahlreiche Feinde wehren müssen, haben sie im Laufe der Evolution eine hohe Aggressivität entwickelt – sie greifen kompromisslos an, wer immer sich an ihrem Honig vergreifen will.

Dies wurde vor einem halben Jahrhundert in Brasilien zum Problem. Da sich die von den frühen Siedlern aus Europa mitgebrachten Bienenrassen trotz intensiven Zuchtversuchen nur schlecht an das feuchtheisse Tropenklima adaptierten, hatte man im Jahr 1957 afrikanische Bienenköniginnen für Neuzüchtungen importiert. Unglücklicherweise entwichen nur wenige Monate später 26 der Damen mitsamt ihrem Hofstaat aus der Zuchtstation. Dank ihrer enormen Wanderlust und Tüchtigkeit schwärmten die Afrikanerinnen rasch in ferne Gebiete und gründeten überall neue Kolonien. Heute ist die afrikanische Biene mit mehr als 100 Millionen wilden Nestern von Argentinien bis Kalifornien verbreitet. Nachdem vor allem in den tropischen Regionen Lateinamerikas etliche hundert Menschen den Attacken aggressiver afrikanischer Bienen zum Opfer gefallen waren, sprach man weltweit von den «Killerbienen».

Mittlerweile hat man auch in Amerika gelernt, wie mit der temperamentvollen Afrikanerin umzugehen ist und wie sich der Mensch gegen Stiche besser schützen kann. Hans Herren erzählt aus den Anfängen seines kenianischen Bienenprogramms: «Der Imker in Afrika war schon immer mit der aggressiven Art seiner Bienen konfrontiert, und er kann halt seine Arbeit nicht mit blossen Händen wie etwa der

Schweizer Imker machen. Als Fachleute aus Europa uns aber den Rat gaben, die afrikanischen Bienen durch Einkreuzen europäischer Rassen sanfter zu machen, haben wir uns entschieden gewehrt. Denn ein solcher Import birgt ein erhebliches Risiko, neue Krankheiten in die einheimische Bienenwelt einzuschleppen.»

Um die eher bescheidene Bienentradition in Afrika zu einem soliden Wirtschaftszweig zu machen, stellten die Bienenforscher am ICIPE ein breit angelegtes Programm auf die Beine. Durch Kreuzungen verschiedener lokaler Rassen steigerte man den Honigertrag und reduzierte die Aggressivität. Man untersuchte Bienenkrankheiten und es wurden Königinnen gezüchtet. Anstatt die Bienen in den unpraktischen Holzstämmen zu halten, führte man die bewährten Langstroth-Bienenkästen ein, eckige Holzkästen mit eingebauten Rahmen, in welche die Bienen ihre Waben bauen. Den Bauern und Imkern wurde in Kursen gezeigt, wie sie die Kästen selber anfertigen können. Für die Honigernte werden die Holzrahmen herausgenommen und in einer Zentrifuge geschleudert. Damit verbessern sich der Ertrag und die Qualität des Honigs stark.

Indem auch das Verpacken, das Lagern und schliesslich der Verkauf des Honigs optimiert und die Bauern und Imker instruiert wurden, bringt das Naturprodukt heute seinen maximalen Nutzen. Das Bienenforschungsteam förderte auch das Vermarkten von Bienenwachs sowie von Propolis. Diesen Kittharz sammeln die Insekten von Bäumen und Sträuchern und kleiden damit die Innenwände und den Eingang des Bienenstocks aus. Die natürliche fungizide und bakterizide Wirkung macht Propolis zum wertvollen Heilmittel.

Um die Bienenhaltung in der afrikanischen Landbevölkerung breit zu etablieren, bildet das ICIPE laufend neue Fachleute aus und organisiert Imkerkurse. Nach einem erfolgreichen Start in Kenia erweiterte das ICIPE sein Programm auf Länder in Nordafrika und im Nahen Osten. Seit dem Jahr 2000 laufen Ausbildungs- und Beratungsprogramme in Marokko, Algerien, Tunesien und Libyen. Um 2007 starteten Bienenprogramme auch im Sudan, in Jemen und in Ägypten.

Existenzsichernde Seidenraupenzucht

Auf der Suche nach einer umweltschonenden Bewirtschaftung natürlicher Ressourcen kam Hans Herren auch auf die Zucht von Seidenraupen und auf die Seidenproduktion. In Kenia und den Nachbar-
ländern Uganda und Sudan gab es bereits vielerorts Züchter von
Seidenraupen. Sie bezogen die Eier der Weibchen des Maulbeer-Sei-
denspinners *(Bombyx mori)* direkt aus China, Japan, Korea oder auch
aus Grenoble in Südfrankreich, wo die Seidenindustrie ihre Zucht-
anstalten hat. Der Maulbeerspinner ist ein Schmetterling der Tropen
und Subtropen und wird seit über 4000 Jahren in China als Haustier
zur Naturseidengewinnung gehalten.

Die Eier werden für den Transport auf Papierkarten fixiert, per
Luftkurier verschickt und am Ziel ausgebrütet. Die geschlüpften Seidenraupen setzt man auf Maulbeerblätter, wo sie sich nach mehreren
Raupenstadien verpuppen, um schliesslich zum Schmetterling zu werden. Beim Verpuppen spinnt die Raupe zu ihrem Schutz einen Kokon
aus einem einzigen Seidenfaden von einem Kilometer Länge, aus dem
dann der Mensch die wertvolle Rohseide gewinnt. Für 100 Gramm
Seide braucht es etwa 600 Kokons.

Für die arme Landbevölkerung Afrikas war die übliche kommerzielle Zucht allerdings keine Option. Überstieg schon der Kauf der Eier
den finanziellen Rahmen eines Kleinbauern, war auch der Transport
eine Hürde. Denn bis die Papierkarte von der fernen Zuchtanstalt im
abgelegenen afrikanischen Winkel eintraf, waren die meisten der
Larven bereits geschlüpft und verhungert. «Wir haben am ICIPE rasch
erkannt, dass wir nur ein Seidengewerbe aufziehen können, wenn wir
die Raupen selber züchten», schildert Herren die Ausgangslage des
Programms.

Qualitativ gute Seidenraupen zu bekommen, war alles andere als
leicht. Denn für die internationalen Produzenten sind die eigenen
Zuchtlinien das wertvollste Kapital. Mit viel Überzeugungskraft und
einigem Geld gelang es Herren und dem Team des Insektenprogramms,
aus Japan, Korea und China hervorragende Seidenraupen zu erhalten,

wobei nicht zuletzt der noble Zweck des ICIPE-Programms den Handel ermöglicht haben dürfte.

Nun galt es, die empfindlichen Maulbeer-Seidenspinner an die lokalen Verhältnisse in Kenia und Uganda anzupassen, an die unterschiedlichen Höhenlagen, Temperaturen und Feuchtigkeitswerte. Daher züchteten die Spezialisten am ICIPE eine ganze Palette verschiedener Rassen. Da diese Seidenspinner als Nahrung nur Maulbeerblätter konsumieren, musste auch das passende Futter gefunden werden.

In Afrika wachsen vielerorts Maulbeerbäume. Um wiederum eine optimale Anpassung an die unterschiedlichen Klimabedingungen der potenziellen Einsatzorte zu erreichen, sammelte man etwa 20 Sorten aus verschiedenen Regionen und stimmte die Auswahl auf die unterschiedlichen Projektorte ab. Dadurch schuf man ein lokal gut angepasstes System von Seidenraupe und Futterbaum – die Voraussetzung für eine erfolgreiche Seidenproduktion.

Heute gewinnen in Kenia und Uganda in dezentralen Betrieben einige Tausend Frauen aus den Kokons die Rohseide, die entweder vor Ort zu Stoffen gewoben oder nach Ägypten für die Teppichindustrie exportiert wird.

Mit den Honigbienen und den Seidenraupen hat das ICIPE insbesondere für landlose Afrikaner die Möglichkeit geschaffen, mit relativ kleiner Investition eine eigene Existenz zu schaffen. Dies verbessert auch vielerorts das Leben von alleinerziehenden Kleinbäuerinnen, die ihren Mann durch Aids verloren haben. Während vier Wochen füttern sie zu Hause die gefrässigen Raupen in einem grossen Holzrahmen mit Maulbeerkost, bis sich die Insekten zu Kokons verpuppen. Die jungen Schmetterlinge werden vor dem Ausschlüpfen mit heissem Wasser abgetötet, damit der Seidenfaden durch das Ausschlüpfen nicht zerrissen wird. Die in Heimarbeit produzierten Kokons werden zur Weiterverarbeitung an eine Kooperative oder einen regionalen Betrieb geliefert. Und wie bei den Honigbienen schont solches Wirtschaften Afrikas Natur, die durch den Pflanzenbau und die Viehhaltung vielerorts stark übernutzt ist.

Insekt und Unkraut vernichten Maisernte

Als Hans Herren 1994 ans ICIPE kam, gab es in Mbita Point am Victoriasee (siehe Karte auf Seite 125) bereits eine Feldstation, die Krankheiten und Schädlinge beim Mais erforschte. Mais ist in Kenia das wichtigste Grundnahrungsmittel. Aus Maismehl macht die Hausfrau Ugali, einen stichfesten Brei, der zusammen mit Bohnen und Gemüse für Millionen von Menschen tägliche Speise ist.

Leider hat der Mais in Ostafrika zwei mächtige Feinde. Die Stängelbohrer, unscheinbare, braune Falter, legen ihre Eier auf die Maisblätter. Die Larven dringen in die Pflanze ein, höhlen den Stängel aus und richten den Mais zugrunde. Noch schlimmer ist das Unkraut Striga *(Striga hermonthica)*. Seine Samen können jahrelang im Boden warten. Sobald aber ein Maiskorn in der Nähe eines Strigasamens keimt, erwacht der Schädling aus der Ruhe, wird ebenfalls zur Pflanze und dringt mit seinen Wurzeln in die Wurzelknolle der Maispflanze ein. Die Striga zapft dem Mais die Nährstoffe ab und lässt ihn verkümmern, noch bevor er heranwachsen kann. In Afrika wird der durch Striga verursachte Schaden auf jährlich 14 Milliarden Dollar geschätzt. Wo Stängelbohrer und Striga gemeinsam wüten, fallen ganze Ernten aus. Mit Hunger und Armut als schrecklichen Folgen.

Die Maisforscher am ICIPE hatten schon früher versucht, die Stängelbohrer mit räuberischen Insekten zu bekämpfen. Für solche biologische Schädlingsbekämpfung evaluierte man verschiedene mögliche Nützlinge, mit nur mässigem Erfolg. Eine in Indien gefundene Schlupfwespe eliminierte nur den in den 1930er-Jahren ebenfalls aus Indien eingeschleppten Stängelbohrer *Chilo partellus*, während die einheimischen Stängelbohrer der Gattungen *Sesamia* und *Eldana* weiter wüteten. Hans Herren hatte sich schon am IITA in Benin die Zähne an den Stängelbohrern ausgebissen. Nun nahm er in Kenia einen neuen Anlauf. Man suchte intensiv nach weiteren Nützlingen und setzte die Hoffnungen vor allem auf die räuberischen Schlupfwespen – jene Insektenfamilie, die Herren bereits beim Kampf gegen die Maniokschmierlaus zum spektakulären Erfolg verholfen hatte.

Trotz allem Bemühen blieb das Problem der einheimischen Stängelbohrer weiterhin ungelöst. Hans Herren wollte aber nicht einsehen, dass die sonst sehr erfolgreiche Idee einer biologischen Schädlingsbekämpfung beim doch so wichtigen Mais nicht funktionieren sollte. Er etablierte um das Jahr 1998 eine Forschungspartnerschaft mit dem IRD (Institut de Recherche pour le Développement), einer Forschungsorganisation des französischen Staates, die aus der früheren ORSTOM, der Gruppe von Forschungsstätten für südliche Länder, hervorgegangen war. Im Rahmen dieser Zusammenarbeit kamen zwei französische Wissenschafter von Montpellier nach Nairobi.

Endlich kam man dem Stängelbohrerrätsel auf die Spur. In der Insektenkunde hatten mittlerweile auch molekularbiologische Methoden Eingang gefunden. Damit liessen sich äusserlich oftmals nicht unterscheidbare Insekten als zwar nahe verwandt, aber doch zu verschiedenen Arten gehörend bestimmen. Waren die Maisforscher bisher von der Stängelbohrerart *Chilo partellus* und zwei Vertretern der Gattungen *Sesamia* und *Eldana* ausgegangen, lieferte die molekularbiologische Analyse der in den Maisfeldern gefangenen Schädlinge ein Dutzend verschiedener Arten. Da Schlupfwespen aber sehr wählerisch sind und eine bestimmte Schlupfwespenart nur auf eine einzige Stängelbohrerart spezialisiert ist, war das bisherige Selektionsprogramm zum Scheitern verurteilt. Und selbst wenn sich für jede Stängelbohrerart die passende Schlupfwespe finden liesse, wäre der praktische Einsatz kaum möglich, denn die Vielzahl der Stängelbohrerarten leben in den landwirtschaftlichen Regionen je nach Klima gemischt.

Mit Push-Pull gegen die Maisschädlinge

Nachdem sich die Insektenforscher jahrelang vergeblich um eine biologische Schädlingsbekämpfung bemüht hatten, kam die Lösung des Maisproblems völlig unerwartet aus ganz anderer Richtung. In den Maisfeldern besteht die Gefahr, dass die starken tropischen Regen wertvollen Boden wegschwemmen. Deshalb ist es günstig, wenn zwischen den Maisstängeln noch etwas anderes wächst. In der Feldstation am

Victoriasee war damals (und ist noch immer) der indische Entomologe Zeyaur Khan Forschungsleiter. Khan probierte auf dem Versuchsfeld Desmodium als Mischkultur. Desmodium ist eine Leguminose, ein Bohnengewächs. Die in den Wurzeln lebenden Knöllchenbakterien fixieren den Luftstickstoff und bringen ihn als wertvollen Dünger in den Boden.

Die Überraschung war gross, als Khan und sein Team entdeckten, dass Desmodium nicht nur ein guter Bodenbedecker und Bodenverbesserer ist, sondern die gefürchteten Stängelbohrer förmlich aus dem Maisfeld vertreibt. Wie Laborversuche schliesslich zeigten, produziert Desmodium Duftstoffe, die den schädlichen Nachtfalter abstossen. Der guten Nachricht nicht genug, stellte sich zudem heraus, dass Desmodium auch das Unkraut Striga, die zweite grosse Plage im Maisfeld, meistert. Wie die Maiskörner bringen die Desmodiumwurzeln den Strigasamen zum Keimen. Zugleich sondert das Bohnengewächs aber einen Stoff ab, der die Strigawurzeln vom Mais fernhält und so das Schmarotzerkraut verhungern lässt.

«Mit Desmodium hatten wir eine biologische Lösung gefunden, die mit einem Schlag die beiden grössten Maisschädlinge in Schach hält. Um das Problem noch besser zu verstehen, erforschten wir den Lebenszyklus der Stängelbohrer genauer. Denn Mais wächst nicht das ganze Jahr. Und die Viecher müssen doch irgendwo eine Zweitwohnung haben», skizziert Herren die Forschungsidee.

Da Mais nahe verwandt mit den Gräsern ist, suchte Khan im Grasland nach Arten, die ebenfalls von Stängelbohrern befallen werden. Man entdeckte verschiedene Grasarten, auf denen in der Tat Stängelbohrerlarven zu finden waren. Besonderes Interesse weckte Napier-Gras *(Pennisetum purpureum)*. Auf diese Pflanze legt der Falter zwar viele Eier, die Larven können sich aber nicht in den Stängel fressen, weil das Stängelmaterial sehr reich an hartem Silizium ist. Zudem sondert das von Stängelbohrern befallene Gras einen Stoff aus, an dem die Schädlinge kleben bleiben. Napier-Gras wird also für die Stängelbohrer zur ökologischen Falle.

Die Idee «Push-Pull» war geboren. Mit Desmodium werden Stängelbohrer und Striga aus dem Maisfeld gestossen (Push); mit Napier-Gras lassen sich die Falter mit zusätzlicher Kraft vom Mais wegziehen (Pull). Für die Praxis wird Desmodium in Mischkultur mit Mais eingesät. Und rund um das Feld pflanzt man als Lockmittel einen Saum aus Napier-Gras. Das System hat noch einen weiteren wirtschaftlichen Nutzen: Nach der Maisernte kann der Bauer das Napier-Gras schneiden und als nahrhaftes Tierfutter auf dem Hof verwenden. Hat er kein eigenes Vieh, lässt sich das Napier-Gras für gutes Geld verkaufen – ein hochwillkommener Zusatzverdienst für eine Landbevölkerung, bei der Geld chronisch Mangelware ist.

Mittels Ausbildungskursen für Bäuerinnen und Bauern brachte das ICIPE seine geniale Erfindung sukzessive aufs Land. Bald schon nutzten einige Tausend Betriebe die Methode. Eine der prominentesten Anwenderinnen von Push-Pull ist die Kenianerin Sarah Obama, die Grossmutter des heutigen amerikanischen Präsidenten. In einer Sendung des ZDF vom Februar 2010 antwortete die rüstige 88-Jährige auf die Frage, ob die Methode wirklich funktioniere, mit rauer, lachender Stimme: «Wenn es nicht funktionieren würde, würde ich es ja wohl nicht machen.»

Nach seiner Verbreitung in Kenia exportierte man Push-Pull auch in die Nachbarländer Uganda, Tansania und Äthiopien. Herren schätzt, dass heute um die 30 000 Bauern diesen Maisschutz einsetzen – ganz ohne Chemie oder gentechnisch veränderte Maissorten. Da das Unkraut Striga in weiten Gebieten Afrikas nicht nur Mais, sondern auch Sorghum, Reis, Hirse und Zuckerrohr befällt, wird nun geprüft, ob sich Desmodium als Mischkultur auch in solchen Pflanzungen bewährt.

Tsetsefliegen bedrohen Mensch und Tier

In Ostafrika lebt eine gefährliche Gattung von Insekten: die Tsetsefliege. Die Weibchen lassen die Eier im Leib zu den fertigen Larven heranwachsen. Für die Ernährung der Brut stechen die Fliegen Mensch und Tier und saugen Blut aus dem Opfer. Der Blutkonsum kann für die Geschröpften zur tödlichen Gefahr werden, wenn die Tsetsefliege in ihrem Speichel Trypanosomen, einzellige Geisseltierchen, trägt, die beim Menschen die gefürchtete Schlafkrankheit und beim Vieh Nagana verursachen.

Zwar sind nur etwa 5 Promille aller Tsetsefliegen infiziert. Bekommt aber ein Mensch die Parasiten in den Körper, leidet er bald schon unter Apathie, Schlafstörungen und Psychosen; ohne medizinische Behandlung stirbt der Patient innert eines halben Jahrs. In Afrika sind 60 Millionen Menschen von der Schlafkrankheit bedroht.

Opfer der Nagana sind Kühe, Ochsen, Schafe und Ziegen. Die Tiere leiden an Blutarmut, verlieren den Appetit und werden schwächer und schwächer. Wildtiere werden zwar ebenfalls von Tsetsefliegen gestochen; ihr Körper ist aber im Lauf der Evolution gegen die Trypanosomen unempfindlich geworden. Neben den Rindern sind vor allem auch Antilopen ein riesiges Reservoir der Parasiten, die durch die Tsetsefliegen schliesslich über weite Gebiete verteilt werden.

Tsetsefliegen sind in Kenia, Uganda, im Sudan und besonders auch im Westen und Süden von Äthiopien seit Jahrhunderten ein grosses Problem. Das feuchte und fruchtbare äthiopische Tiefland wäre für Ackerbau und Viehzucht prädestiniert – wenn nicht Schlafkrankheit und Nagana den Bauern das Leben erschwerten. Erkranken die Ochsen, verliert der Bauer seine Zugtiere und kann den Acker nicht mehr pflügen. Erkranken die Kühe, fehlen Milch und Fleisch und damit das oftmals einzige Haushaltgeld. Auch haben Kühe als Heiratsgabe und zum Schlichten von Konflikten zwischen verschiedenen Dorfgemeinschaften eine wichtige soziale Funktion.

Erkrankt der Bauer oder seine Familie, fehlt ebenfalls Arbeitskraft. Da sich der Kleinbauer die kostspielige medikamentöse Behandlung der Schlafkrankheit meist nicht leisten kann und zudem die Krankheitserreger vielerorts gegen die Medikamente resistent geworden sind, bedeutet die Schlafkrankheit nicht selten den Untergang. Dies hat die Menschen stark betroffener Regionen aus dem Tiefland in die trocke-

nen Regionen des äthiopischen Hochlands getrieben, wo die Tsetsefliegen nicht verbreitet sind. Der Landbau und die Nutztierhaltung im
kargen Hochland übernutzten im Laufe der Zeit jedoch das Grasland,
zerstörten die Wälder und führten zu grossen Erosionsschäden. Liesse
sich das Problem der Tsetsefliegen lösen, stünde der armen äthiopischen Landbevölkerung im fruchtbaren Tiefland das Paradies offen.

Die Tsetseplage eskalierte in den 1990er-Jahren. Im Sudan, dem
westlichen Nachbarland von Äthiopien, herrschte damals Bürgerkrieg.
In den Wirren vernachlässigte man die bisher mit Fallen praktizierte
Abwehr der Tsetsefliegen, worauf sich die Schädlinge rasch vermehr-
ten. Und in Äthiopien waren nach einer mehrjährigen Trockenzeit im
Hochland Tausende von Landbewohnern in das Tiefland im Grenz-
gebiet zum Sudan gezogen, um dort als Bauern eine neue Existenz zu
finden. Zusätzliche Neusiedler kamen als Flüchtlinge aus dem Sudan
ebenfalls ins äthiopische Tiefland. Das tragische Geschick dieser hoff-
nungsvollen Menschen: Sie waren sich der tödlichen Gefahr durch die
dort grassierenden Infektionskrankheiten nicht bewusst oder nahmen
das Risiko mangels besserer Möglichkeiten in Kauf. Innert kurzer Zeit
fielen Mensch und Vieh in wachsender Zahl der Schlafkrankheit und
Nagana zum Opfer.

Wie die Tsetsefliegen in die Falle gehen

Das Erforschen von Tierkrankheiten gehörte schon immer zur Agenda
am ICIPE. Im Kampf gegen Nagana hatten die Bauern in Afrika schon
seit Längerem den Kühen Pyrethroide auf den Rücken gestrichen. Das
aus Chrysanthemen gewonnene Pyrethrum wurde schon im Altertum
als Insektizid verwendet und wirkt auf Insekten neurotoxisch. Pyrethroide sind synthetisch hergestellte, langlebige und hochwirksame
Derivate von Pyrethrum und werden etwa auch gegen Stechmücken
eingesetzt. Der Einsatz von Pyrethroiden gegen Tsetsefliegen ist für den
Bauern jedoch sehr teuer; auch können Giftrückstände in die Milch
und ins Fleisch gelangen, was für den Konsumenten nicht harmlos ist.
Vor allem aber töten Pyrethroide wahllos ein breites Spektrum von

Insekten und stellen deshalb für die biologische Vielfalt eine enorme Belastung dar.

Die Insektenforscher haben schon früh versucht, die Tsetsefliegen, statt sie mit Gift zu töten, in Fallen zu locken. Französische Wissenschafter fanden Ende der 1940er-Jahre heraus, dass Tsetsefliegen von blauen Farben angezogen werden und deshalb mit blauen Tuchfallen gefangen werden können. Schon kurz nach seiner Gründung im Jahr 1970 arbeitete das ICIPE mit den französischen Forschern zusammen. Es gibt um die 20 Arten von Tsetsefliegen, wovon etwa ein halbes Dutzend für die Übertragung der Schlafkrankheit und von Nagana von Bedeutung ist. Es zeigte sich, dass die verschiedenen Fliegenarten sehr spezifisch auf ein bestimmtes Blau reagieren. Indem man den Fliegen winzige Elektroden in die Nerven der Sehzellen applizierte und anhand von Farbkarten das Erregungsmuster der Nervenzellen testete, identifizierte man ein bestimmtes Kobaltblau als besonders attraktiv für eine der gefährlichsten Tsetsefliegenarten.

«Als ich ans ICIPE kam, begannen wir nach weiteren umweltfreundlichen Bekämpfungsmöglichkeiten zu suchen. Da die Fliegen von Kühen und Wildtieren, die ja nicht blau sind, angezogen werden, muss wohl auch der Duft eine Rolle spielen», beschreibt Herren die damaligen Überlegungen. So erforschte das Tsetseteam unter der Leitung des Biologen Rajinder Saini, eines Kenianers indischer Herkunft, die neuronale Reaktion der Fliegen auf die verschiedensten tierischen Düfte. Als äusserst attraktiv erwies sich der Urin des Büffels.

Gibt es auch Tiere, die von Tsetsefliegen gemieden werden? Um dies herauszufinden, sammelten die Forscher am ICIPE aus den unterschiedlichsten Regionen Tsetsefliegen und analysierten das Blut. So liess sich feststellen, wo sich die Insekten ihre Mahlzeiten geholt hatten. Wie erwartet, waren neben den Rindern auch viele Wildtiere wie Giraffen, Antilopen und Zebras unter den unfreiwilligen Blutspendern. Zur grossen Überraschung fehlte aber der Wasserbock, eine grosse, rotbraune Antilope mit mächtigen Hörnern. Trägt der Wasserbock möglicherweise einen abstossenden Geruch auf sich?

Nach aufwändiger Analyse von Haaren und andern Körperteilen im Gaschromatografen und nach Extraktion der Vielzahl von Duftstoffen fand man schliesslich einen Duftstoff des Wasserbocks, der auf Tsetsefliegen stark abstossend wirkt. Es gelang, den Duftstoff zu synthetisieren. Damit liess er sich als biologische Waffe gegen die Fliegen einsetzen. In kleine Behälter verpackt und den Kühen an einem Halsband umgehängt, lässt der Duftstoff die Viecher wie Wasserböcke riechen und sie werden von den Tsetsefliegen ignoriert.

Das Tsetseteam hatte nun eine ganze Batterie von Abwehrmitteln zur Hand: In der Nähe der Rinderherde wird ein Viereckzelt aus kobaltblauem Stoff aufgestellt, das auf einer Seite offen ist. Da die Fliegen gerne auf schwarzen Flächen landen, ist im hinteren Teil des Zeltinnern zudem ein schwarzer Stoff gespannt. Als zusätzlichen Lockstoff birgt das Zelt einen Behälter mit Büffelurin. Oben mündet das Fangzelt in einen hellen Turm aus weisser Gaze, der in einen Flaschenbehälter führt. Die im Zelt verirrten Fliegen streben nach oben ans Licht und geraten rettungslos in die Fangflasche. Von der Flasche werden die Schädlinge schliesslich in einen Plastiksack geschleust, wo sie von der Tropensonne verbrannt werden. Der Waffen nicht genug, hängt der Bauer seinen Rindern noch den abstossenden Wasserbockduft um den Hals. «So haben wir das im Maisfeld gegen Stängelbohrer und Striga bewährte Push-Pull-Prinzip nun auch zum Schutz von Mensch und Vieh gegen die Tsetsefliegen realisiert. Der gefährliche Schädling wird vom Wasserbockgestank abgestossen und gleichzeitig vom blauen Zelt mit dem Büffelurin angezogen. Ein weiteres Beispiel, wie man mit relativ wenig Aufwand ein gesundheitliches Problem ohne Giftstoffe und ohne der Natur zu schaden, lösen kann», sagt Herren.

Nachdem sich die neuen Tsetsefallen in den Feldversuchen in den Jahren 1994 und 1995 in den Shimba Hills nahe der Küste Kenias sehr bewährt hatten, setzte man die Technik im grossen Stil in Äthiopien ein. Projektorte waren die besonders stark betroffenen Regionen im westlichen Tiefland, etwa die Gegend bei Asosa im Grenzland zum Sudan.

Hans Herren beschreibt, wie sich dank einem cleveren Kontrollsystem, das von Johann Baumgärtner entwickelt wurde, der Nutzen der Fliegenfallen in Äthiopien optimieren liess. In den Tsetsegebieten inspizieren lokale, zu Kontrolleuren ausgebildete Bauern wöchentlich die Fallen und zählen die gefangenen Fliegen. Die Angaben werden per Telefon an eine zentrale Auswertungsstelle gemeldet, wo ein Computerprogramm den Einsatzplan aktualisiert. Steigt in einem Gebiet die Fliegenzahl, werden zusätzliche Fallen installiert. Sinken die Fangzahlen, können Fallen abgebaut werden. Durch diese Optimierung lässt sich ein Drittel der Fallen einsparen.

Das ganzheitliche Konzept der Tsetsebekämpfung führte zum durchschlagenden Erfolg. Dank den verschiedenen Massnahmen liessen sich in stark betroffenen Gebieten bis zu 99 Prozent der Tsetsefliegen eliminieren. Mehrere Zehntausend Bauernfamilien können heute in ehemals lebensfeindlichen Gebieten mit ihren Nutztieren gesund und auf wirtschaftlich solider Basis existieren. Das ICIPE propagiert seine sanfte Methode nun auch in andern afrikanischen Tsetseregionen. Und da der verwendete Blauton und die Duftstoffe spezifisch auf eine der Tsetsearten wirken, sucht man für weitere Arten die genau passenden Farben und Düfte.

Der grosse Killer Malaria

Noch schlimmer als die Schlafkrankheit ist für die Menschen in Afrika die Malaria. Der Erreger der Krankheit ist ein winziger, einzelliger Parasit der Gattung *Plasmodium*. Besonders gefährlich ist *Plasmodium falciparum*, der Erreger der *Malaria tropica*, der schlimmsten Form von Malaria. Die Malariaparasiten befallen die roten Blutkörperchen und vermehren sich dort weiter. Schliesslich platzt die Zelle, worauf die Parasiten neue Blutzellen befallen. Das periodische Platzen zahlloser Blutkörperchen verursacht Schübe mit hohem Fieber, wobei das Wechselfieber nicht selten zum Tode führt.

Die gefürchtete Tropenkrankheit wird durch die weiblichen Stechmücken der Gattung *Anopheles* übertragen. Saugt die Mücke an einem

Malariakranken Blut, nimmt sie die Parasiten in ihren Körper auf. Bei einer nächsten Blutmahlzeit überträgt sie mit dem Speichel den Krankheitserreger an ein weiteres Opfer. Weltweit leiden etwa 500 Millionen Menschen chronisch an Malaria. Pro Jahr sterben um die drei Millionen Menschen an der Krankheit, 90 Prozent davon in Afrika. Am meisten gefährdet sind schwangere Frauen und Kinder unter fünf Jahren, die noch zu wenig Abwehrkräfte haben. Alle 20 Sekunden stirbt in Afrika ein Kleinkind an Malaria.

Abgesehen vom enormen menschlichen Leid verursacht die Malaria allein in Afrika einen Schaden von jährlich 12 Milliarden Dollar. Die Krankheit ist eines der Haupthindernisse für die wirtschaftliche Entwicklung. Denn wer schwach und mit Fieber im Bett liegt, kann weder arbeiten noch zur Schule gehen und braucht intensive Pflege. Jeder dritte Patient in Afrikas Spitälern ist ein Malariakranker.

Trotz jahrzehntelangen Bemühungen gibt es nach wie vor keinen Impfstoff gegen Malaria, denn der Parasit durchläuft eine Vielzahl von Entwicklungsstadien und trickst das menschliche Immunsystem raffiniert aus. Fachleute rechnen damit, dass in etwa fünf Jahren ein Impfstoff zur Verfügung stehen könnte, der wenigstens einen Schutz von vielleicht 50 Prozent bietet. Zwar sind seit dem Zweiten Weltkrieg eine Reihe von Wirkstoffen entwickelt worden, die, als Prophylaxe eingenommen, den Körper vor einer Malariainfektion schützen oder zur Behandlung der Krankheit eingesetzt werden. Leider sind die Parasiten vielerorts gegen das eine und andere Malariamittel resistent geworden, was eine Therapie erschwert.

Während eine Malariaprophylaxe für uns Touristen heute selbstverständlich ist, kommt sie für die afrikanische Bevölkerung schon aus Kostengründen nicht in Frage. Eine medikamentöse Dauerprophylaxe wäre aber auch für den Organismus eine erhebliche Belastung, weshalb selbst Europäer, die längere Zeit in den Tropen leben, fast immer darauf verzichten. So ist auch Hans Herren im Laufe seiner Afrikajahre mehrere Male an Malaria erkrankt. «Wir lebten zwar immer in gut geschützten Häusern und schliefen unter dem Moskitonetz. Die

Mücken stechen aber nicht nur um Mitternacht; man kann auch am Abend, bevor man unter das Moskitonetz schlüpft, gestochen werden. Wichtig ist, dass man ein plötzliches Fieber ernst nimmt und sofort Malariamedikamente einnimmt. 1984 hatte ich während eines Heimaturlaubs in Los Angeles einen Fieberschub nicht sofort behandelt und bin trotz Spitalbehandlung beinahe draufgegangen», schildert Herren seine Malariaerfahrungen wenig zimperlich.

Will man Afrikas Bevölkerung im Kampf gegen die Malaria helfen, müssen Lösungen gefunden werden, die ohne medikamentöse Prophylaxe auskommen. Als Hans Herren ans ICIPE nach Nairobi kam, arbeitete man dort bereits im grossen Stil am Thema Malaria. Aber wiederum war der Schweizer Insektenforscher mit dem Status quo gar nicht zufrieden: «Die Wissenschafter sahen sich als weltbekannte Malariaexperten. Dabei studierten sie vor allem irgendwelche akademischen Mückenfragen. Und als Waffe gegen die Steckmücken propagierte man Tücher, die, in den Häusern an die Wand gehängt und mit Pyrethroiden als Insektizide bespritzt, die Mücken anziehen und vernichten sollten. Das ist aber teuer und kompliziert, weshalb es die Leute nicht machten.»

Das Übel an der Wurzel packen

«So habe ich den Malarialaden kurzerhand geschlossen. Fertig!» Hans Herren klatscht bei diesen Worten energisch in die Hände. «Wir brauchten einen völlig neuen Denkansatz – ein integriertes Management des Mückenproblems, analog dem sehr erfolgreichen integrierten Pflanzenschutz, bei dem eine Vielzahl ökologisch und wirtschaftlich nachhaltiger Massnahmen optimal zusammenwirken.»

«Man muss die Stechmücken bereits dort bekämpfen, wo sie entstehen», wurde zur wichtigsten Devise im neuen ICIPE-Malariateam. Die *Anopheles*-Mücken legen ihre Eier in stehende Gewässer, wo die schlüpfenden Larven sich zum Atmen unter die Wasseroberfläche hängen und sich innert acht Tagen zur Stechmücke wandeln. Solche Brutstätten gibt es vielerorts in grosser Zahl, vom See bis zum Tümpel, vom gefluteten Reisfeld bis zum alten Autoreifen, der, mit Regenwasser gefüllt, als Abfall im Hinterhof liegt. Es ist das stehende Wasser, das in der Nähe von Wohnsiedlungen für steten Nachschub der tödlichen Mücken sorgt. Legt man unnötige Wasserstellen trocken, wird auch die Mückenplage reduziert.

Im dicht bevölkerten Hochland von Westkenia ist der Boden vielerorts sehr lehmig. Da er für Landwirtschaft wenig geeignet ist, leben viele Einheimische von der Herstellung handgefertigter Lehmziegel. Die Nachfrage nach dem günstigen Baumaterial ist gross, weshalb die Ziegelproduktion stark zugenommen hat. Durch den Lehmabbau sind in den letzten Jahrzehnten Tausende von Gruben entstanden, in denen sich Regenwasser sammelt. Die wassergefüllten Tümpel sind ideale Brutstätten für die *Anopheles*-Mücken. War das eher kühle Hochland früher praktisch malariafrei, haben die Lehmtümpel schliesslich zu einem starken Aufkommen der sogenannten Hochlandmalaria geführt.

François Omlin, Insektenforscher am ICIPE, stellte fest, dass sich über 90 Prozent der im Hochland lebenden Malariamücken in diesen künstlich geschaffenen Brutstätten vermehren. Dabei sind die stillgelegten Lehmgruben das kleinere Problem, denn diese Teiche sind oftmals mit Pflanzen überwuchert und beherbergen natürliche Feinde, die den Mückenlarven nachstellen. Auf den offenen Wasserflächen der aktiv betriebenen Lehmgruben jedoch können sich die Mücken ungestört vermehren. Da man dieses gespeicherte Regenwasser in der Trockenzeit für die Ziegelproduktion braucht, bleibt als Schutzmassnahme nur ein Vernichten der Mückenlarven mit Insektiziden. Und auch die für das Vieh benötigten Wasserstellen können mit Insektiziden mückenfrei gemacht werden.

Natürliche Insektizide gegen die Malarialarven

In Kenia wächst der Neem, ein ursprünglich aus Asien stammender, bis zu 40 Meter hoher, immergrüner Baum. Er gehört zur Familie der Mahagonigewächse; seine Pflanzenteile finden seit Jahrtausenden Verwendung in der Medizin, der Landwirtschaft und im Gartenbau.

In Kenia werden die Früchte und Blätter des Neem-Baums auch als Naturheilmittel gegen Malaria verwendet.

Versuche von Omlin zeigten, dass Neem ebenfalls gegen die Malariamückenlarven wirkt. Tauchte man mit Sägespänen des Neem-Baums gefüllte Säcke in die Lehmgruben, gingen die *Anopheles*-Populationen drastisch zurück. Das ICIPE hat Insektizide auf Neem-Basis weiterentwickelt und setzt sie heute in zahlreichen Malariagebieten ein. Für kleine Wasservorkommen wie Regentonnen im Wohngebiet gibt es «Teebeutel», die mit Hobelspänen und Sägemehl aus Neem-Holz gefüllt sind.

Noch wirksamer als Neem ist ein anderes Naturprodukt. Schon vor 100 Jahren haben Wissenschafter in Japan und in Deutschland im Boden ein Bakterium gefunden, das gewisse Insektenlarven tötet. Der *Bacillus thuringiensis*, kurz Bt, produziert kristalline Proteine, die auf verschiedene Insektenarten toxisch wirken. Aus einer Vielzahl von Bt-Unterarten lassen sich über 200 verschiedene solcher Bt-Toxine extrahieren, die spezifisch bestimmte Insekten töten. So ist *Bacillus thuringiensis israelensis* (Bti) gegen Stechmückenlarven, also auch gegen die Malariamücken, wirksam.

Da Bt-Toxine für Pflanzen, Wirbeltiere und Menschen unschädlich sind und sich innert Wochen biologisch abbauen, werden sie seit 1938 als umweltfreundliches natürliches Insektizid eingesetzt. Vor allem in der Forstwirtschaft hat das Versprühen von Bt-Toxinen gegen schädliche Schmetterlingsraupen grosse Bedeutung erlangt und den früheren Einsatz chemischer Insektizide signifikant reduziert. Für die Landwirtschaft hat die Gentechnik Bt-Gene in Nutzpflanzen eingebaut, damit die Pflanzen ihr eigenes Bt-Toxin produzieren. Seit 1996 haben ein solcher transgener Mais sowie transgene Baumwolle enorme wirtschaftliche Bedeutung erlangt.

«Da unser Malariakonzept ökologisch nachhaltig sein sollte, interessierten wir uns am ICIPE sehr für die Bti-Toxine. Leider sind diese Produkte auf dem Weltmarkt ziemlich teuer. So kamen wir auf die Idee, unsere eigene Bti-Fabrik zu bauen», erinnert sich Herren. Im Jahr 2001 habe er mit Chinas Ministerin für Entwicklung, der Tochter des früheren Führers Deng Xiaoping, in Nairobi verhandelt und erreicht, dass China dem ICIPE und der afrikanischen Bevölkerung eine Bti-Fabrik schenke. Bald schon war das prächtige Geschenk fertig gebaut. «Mit grossen Stahltanks wie in einer Brauerei, worin man die Bakterien fermentieren und aus der Bakterienmasse schliesslich das Toxin für die Sprühlösung gewinnen kann», schildert Herren das Konzept.

Dann geschah das völlig Unerwartete, das Hans Herren heute noch nicht fassen kann. Obwohl die Bti-Fabrik fixfertig auf dem Institutsgelände stand, konnte das ICIPE die Produktion nicht aufnehmen – und produziert auch heute noch kein Bti-Toxin. Denn die kenianischen Behörden verlangten für den von China gelieferten Bakterienstamm die detaillierten toxikologischen Daten, die China jedoch nicht liefern wollte oder konnte. Ein neues Insektizid auf eine mögliche Giftwirkung auf Menschen zu testen, ist zwar durchaus sinnvoll. Im Falle der bereits seit einem halben Jahrhundert erwiesenen Unbedenklichkeit der verschiedenen Bt-Toxine erscheint die kenianische Gesetzesstrenge jedoch reichlich bürokratisch und quer zur landesüblich eher lockeren Praxis. Da eine eigene toxikologische Prüfung mit umfangreichen Labortests und Tierversuchen für das ICIPE jedoch viel zu kostspielig wäre, sucht das Institut zusammen mit seinen verschiedenen Geldgebern, mit China und den Behörden Kenias nach wie vor nach einem Ausweg aus der vertrackten Situation. Deshalb muss bis auf Weiteres das für die Bekämpfung der Mückenlarven wichtige Bti-Toxin für teures Geld im Ausland gekauft werden. Obschon Herren heute nicht mehr am ICIPE arbeitet, engagiert er sich weiterhin für diese unerfreuliche Geschichte. Denn er wolle keine weissen Elefanten in seinem Lebenswerk haben.

Wohlbestelltes Haus für den Nachfolger

Nach den schlechten Erfahrungen, die der Aufsichtsrat und die Geldgeber des ICIPE mit der langen Herrschaft des ersten Institutsdirektors gemacht hatten, war die Amtszeit des Chefs auf zwei mal fünf Jahre beschränkt worden. So war für Hans Herren im Jahr 2004 wieder einmal die Zeit für eine Neuorientierung gekommen.

Die Suche nach einem neuen Generaldirektor erwies sich als schwierig. Denn Herren hatte das ICIPE zum international renommierten Institut geformt und bei den Geldgebern hohe Anerkennung gefunden. So war es ihm gelungen, das unter dem früheren Direktor verfügbare Budget von 4,5 Millionen Dollar auf jährlich 12 Millionen Dollar fast zu verdreifachen (wobei allein die DEZA, die Direktion für Entwicklung und Zusammenarbeit der Schweizerischen Eidgenossenschaft, um die zwei Millionen Franken pro Jahr beisteuert).

«Im Lauf der Jahre habe ich die radikal abgespeckte Belegschaft durch eine Reihe guter Wissenschafter auf 230 Leute ergänzt, wobei schliesslich zwei Dutzend Nationen aus Afrika und der ganzen Welt bei uns vertreten waren. Obschon das ICIPE aus weniger als einem Viertel der früheren Belegschaft bestand, haben wir sehr viel mehr geleistet und dreimal so viel publiziert wie vor meiner Zeit», blickt Herren nicht ohne Stolz auf seine Jahre in Nairobi zurück.

Hans Herren hat auch ein politisches Credo: «Wie schon in Nigeria und Benin legte ich auch in Kenia Wert darauf, den einheimischen Forschernachwuchs zu fördern. So ist einer meiner Studenten heute Leiter der landwirtschaftlichen Forschungsanstalt in Uganda. Und mehrere Absolventen aus dem ICIPE sind nun Professoren an afrikanischen Universitäten. Die internationale Entwicklungszusammenarbeit sollte diese fähigen Fachleute unterstützen, anstatt in afrikanischen Ländern eine korrupte Elite von Politikern und Wirtschaftsbossen an der Macht zu halten.»

Als der ICIPE-Aufsichtsrat den neuen Generaldirektor suchte, war Herren sehr froh, auf der Liste der Kandidaten auch den Namen Christian Borgemeister zu entdecken. Der aus Solingen stammende Borgemeister hatte als junger Postdoc für Herren in Benin gearbeitet und im Rahmen des Maisprogramms die biologische Bekämpfung des Grossen Kornbohrers erforscht. Später ging er zurück nach Deutschland und wurde Professor an der Leibniz-Universität Hannover. Borgemeister wurde zum Nachfolger von Herren ernannt. Bis er nach Nairobi kommen konnte, vergingen jedoch etliche Monate. Und so wurde es 2005, bis Hans Herren nach elf Jahren am ICIPE seine Zelte in Afrika abbrechen konnte.

Weltweite Anerkennung

Welternährungspreis 1995 für Hans Rudolf Herren

Nur wenige Monate nachdem Hans Herren seinen neuen Job als Generaldirektor des ICIPE in Nairobi angetreten hatte, erreichte ihn aus Des Moines, der Hauptstadt des amerikanischen Gliedstaates Iowa, eine höchst erfreuliche Nachricht. Das Selektionskomitee des Welternährungspreises (World Food Prize) hatte ihn zum Preisträger für das Jahr 1995 ernannt. Als Würdigung für die Entwicklung seiner biologischen Schädlingsbekämpfung gegen Maniokschädlinge in Afrika. Das in den Jahren 1979 bis 1993 von Herren durchgeführte Programm war (und ist noch immer) das weltweit grösste und erfolgreichste Beispiel einer Bekämpfung von Schadinsekten mithilfe von Nützlingen.

Der Welternährungspreis ist die international renommierteste Auszeichnung für Personen, die sich für die Verbesserung der Qualität, Quantität und Verfügbarkeit menschlicher Nahrung in der Welt verdient gemacht haben. Der Preis war 1986 vom amerikanischen Agronomen Norman Borlaug, Vater der Grünen Revolution und Träger des Friedensnobelpreises, angeregt worden. Neben der Anerkennung persönlicher Leistungen soll der Preis auch Vorbilder schaffen, die weitere Menschen zu ähnlichem Engagement inspirieren sollen. Die diesem Zweck dienende Stiftung wurde vom Geschäftsmann und Philanthropen John Ruan (im Transportwesen und Immobilienhandel reich geworden) aus Des Moines errichtet. Das am Iowa State University College of Agriculture angesiedelte Sekretariat der Preisstiftung lädt jedes Jahr weltweit 3500 Institutionen und Organisationen ein, Kandidaten für den Preis zu nominieren. Aus dem riesigen Strauss an Namen trifft das Sekretariat eine Vorauswahl, worauf das Selektionskomitee schliesslich den Preisträger bestimmt. Vorsitzender des Komitees war bis 2009 Norman Borlaug; die weiteren acht Mitglieder, renommierte Fachleute aus den Agrar- und Ernährungswissenschaften, bleiben anonym.

Am 16. Oktober 1995, dem jeweiligen Welternährungstag der Vereinigten Nationen, wurde Hans Rudolf Herren der Welternährungspreis in Iowa feierlich überreicht. An der Feier persönlich anwesend war der damalige US-Präsident Bill Clinton. Er gratulierte dem Preisträger zu seinem unermüdlichen Einsatz für eine Welt ohne Hunger und Armut. «Neben diesem Lob von höchster Stelle und dem Check über 200 000 Dollar hat mich besonders auch die ausführliche Laudatio von Jimmy Carter gefreut, der mich ja zwei Jahre vorher in Afrika besucht hatte», erinnert sich Herren an den grossen Tag.

Jimmy Carter, der an jenem Tag in Addis Abeba weilte, übermittelte seine Lobrede per Video. Er würdigte die Arbeit von Hans Herren nicht zuletzt vor dem sozialen und wirtschaftlichen Hintergrund der afrikanischen Landbevölkerung: «Die afrikanischen Bauern sind arm. Sie bearbeiten kleine Felder mit wenig technischer Unterstützung. Sie können sich den wissenschaftlichen Fortschritt, der den Farmern in den Industrieländern zur Verfügung steht, meist nicht leisten. Dr. Herrens Arbeit kommt diesen Problemen entgegen. Sein Bemühen, die Maniokernte zu retten, wurde mit ökonomischer Effizienz erreicht und hat die Arbeitsweise der afrikanischen Bauern kaum beeinträchtigt. Vielmehr hat er sein Ziel mit natürlichen Mitteln und ohne die Umwelt zu schädigen erreicht.»

Auch Norman Borlaug ehrte die Verdienste des Schweizer Insektenforschers: «Dr. Herren veranschaulicht mit seiner Arbeit die mutige und innovative Führerschaft, die der Welternährungspreis ehren will. Er nutzte erfolgreich die Natur, um eine potenzielle natürliche Katastrophe zu bekämpfen – eine Katastrophe, welche die Basis der täglichen Ernährung von 200 Millionen Menschen zu zerstören drohte.»

John Ruan, Vorsitzender der Preisstiftung und Donator der Preissumme, betonte den wirtschaftlichen Aspekt der Maniokkampagne: «Dr. Herrens Programm lehrt eine wichtige Lektion, die alle Männer und Frauen, die mit der Produktion, Verbesserung, Verteilung und dem Schutz von Nahrung beschäftigt sind, zur Kenntnis nehmen sollten. Nämlich: Die effektivsten und umweltmässig vernünftigsten landwirtschaftlichen Programme können sehr wohl auch die wirtschaftlich günstigsten sein. Nachhaltige Landwirtschaft soll nicht als eine Liebhaberei betrachtet werden, die sich gut ausgebildete Farmer in reichen Ländern leisten können. Sie kann sehr wohl die wirtschaftlichste und effizienteste Antwort auf die landwirtschaftlichen Probleme der Bauern in den Entwicklungsländern sein.»

Damit hatte der 16. Oktober 1995 Hans Rudolf Herren nicht nur die Krönung für sein jahrzehntelanges Bemühen auf Afrikas Feldern gebracht, sondern auch seinem Anliegen einer biologischen Schädlingsbekämpfung zu globaler Beachtung verholfen.

Zahlreiche weitere Auszeichnungen

Der Welternährungspreis war nicht Hans Herrens erste grosse Auszeichnung. Im Jahr 1991 verlieh ihm die frühere britische Premierministerin Margaret Thatcher in London den «Sir and Lady Rank Prize for Nutrition». Und im Mai 1995 durfte Hans Herren in Dallas, Texas, den «Kilby Award» entgegennehmen. Dieser Preis wurde 1990 zu Ehren von Jack Kilby gestiftet, dem Erfinder der integrierten Schaltung und «Vater des Mikrochips», der Basis der modernen Elektronik. Der Kilby Award wird jährlich Personen verliehen, die einen aussergewöhnlichen Beitrag für die Gesellschaft auf den Gebieten der Wissenschaft, Technik, Innovation und Erziehung geleistet haben.

1999 wurde Hans Herren in die U. S. National Academy of Sciences aufgenommen und 2005 in die Academy of Sciences for the Developing World (TWAS). Im Jahr 2002 würdigte auch eine renommierte Schweizer Stiftung sein Wirken. Die Stiftung Dr. J. E. Brandenberger verlieh Hans Rudolf Herren den Brandenberger-Preis mit einer Preissumme von 50 000 Franken. Die Stiftung basiert auf dem Testament der 1986 verstorbenen Tochter von Jacques Edwin Brandenberger, dem Erfinder des Cellophans. Laut Stiftungszweck soll der Preis jährlich an eine Person mit Schweizer Bürgerrecht ausgerichtet werden, die sich unter grösstem Einsatz um das Wohl der Menschheit besonders verdient gemacht hat. Als Begründung der Preisverleihung an Hans Herren nennt die Laudatio: «Für seine wegweisenden Beiträge zur Sicherheit und Verbesserung der Lebensverhältnisse der ländlichen Bevölkerung in Afrika durch die Entwicklung von der Umwelt angepassten landwirtschaftlichen Produktionssystemen.»

Im April 2003 durfte Hans Herren noch den «Tyler Prize for Environmental Achievement» in Los Angeles entgegennehmen. Der Preis wurde ihm verliehen für seinen herausragenden Beitrag auf dem Gebiet umweltschonender Schädlingsbekämpfung, die er mit seinem biologischen Programm zur Bekämpfung der Maniokschmierlaus in Afrika geleistet hatte. Der internationale Tyler-Preis war 1973 von John und Alice Tyler ins Leben gerufen worden. Die kalifornische Unternehmerfamilie war im Versicherungsgeschäft reich geworden und hatte sich aus persönlichem Interesse für die Natur und für Umweltfragen zu engagieren begonnen. Die jährliche Preissumme von 200 000 Dollar wird auf einen oder mehrere Preisträger verteilt, die durch ihre Leistung in den Umweltwissenschaften, in der Umweltgesundheit oder in Energiefragen der Menschheit grossen Nutzen gebracht haben.

Schliesslich verlieh im September 2010 das deutsche Naturkostunternehmen Rapunzel Hans Rudolf Herren, der Stiftung Biovision sowie den afrikanischen Partnern des Push-Pull-Projekts den mit 25 000 Euro dotierten «One World Award». Der Preis wird Persönlichkeiten und Institutionen verliehen, die sich mit Engagement und Mut für innovative Projekte für eine lebenswerte Zukunft einsetzen.

Biovision – Hilfe zur Selbsthilfe

Eine Stiftung gegen Armut und Hunger

Der Welternährungspreis machte Hans Herren auch für das Schweizer Fernsehen zum Star. Sofort nach der Preisverleihung liess ihn die Redaktion der «Sternstunde» nach Zürich einfliegen, um dem Publikum die Verdienste des Schweizer Insektenforschers vorzustellen. Einer der Wissenschaftsredaktoren am Schweizer Fernsehen hiess Andreas Schriber. Er arbeitete für das Magazin «Menschen, Technik, Wissenschaft» («MTW») und produzierte unter anderem Dokumentarfilme und Reportagen über Ökologie und Entwicklung in Afrika. Der Auftritt von Hans Herren in der «Sternstunde» weckte das Interesse des Wissenschaftsjournalisten. Schriber kontaktierte Herren mit dem Vorschlag, für «MTW» einen Film über die aktuelle Arbeit am ICIPE zu drehen. So verbrachte Andreas Schriber mit Hans Herren zehn Tage in Kenia. Und die beiden Ökofreaks befreundeten sich.

Andreas Schriber arbeitete als selbstständiger Autor und Produzent auch für andere Fernsehsender. Das amerikanische CNN gab Schriber den Auftrag, die afrikanischen Erfolge von Hans Herren in Kenia und in Äthiopien zu dokumentieren. Die gemeinsamen Tage gaben den Freunden Gelegenheit, über ihre Erfahrungen zu plaudern. «Ich erzählte Andi, wie ich mit dem Geld des Welternährungspreises Gutes hatte tun wollen – und dabei bös auf die Schnauze fiel», erinnert sich Herren. «Damit der Neem-Baum als natürliches Insektizid gegen Malariamückenlarven von der afrikanischen Landbevölkerung vermehrt verwendet werde, habe ich einem Schweizer Geschäftsmann 50 000 Dollar gegeben, um Neem-Samen zu kaufen und das Naturmittel im grossen Stil zu produzieren. Plötzlich war das Geld weg und weit und breit keine Samen.»

Da habe Andi leicht mitleidig gelächelt und ihm klargemacht, solche Hilfe müsse man professionell angehen. Da Schriber vor seiner Fernsehtätigkeit sieben Jahre lang die Kommunikation von WWF Schweiz geleitet hatte, wusste er, wovon er sprach. Die beiden suchten nach Ideen und kamen auf die Lösung, einen Verein zu gründen. Schriber kannte aus seiner Zeit beim WWF Jürg Weber, der in Afrika gelebt und später im WWF den Handel mit Ökoprodukten geleitet hatte. Zudem motivierte Schriber einen andern Weggefährten aus der ehemaligen Ökoszene, den Rechtsanwalt Mathis Zimmermann. «Ein Kommunikator, ein Jurist, ein Geldbeschaffer und ich als Wissenschafter – genau die Mischung, die es für meine Vision eines besseren Afrikas brauchte», beschreibt Herren mit zufriedener Miene das Team, das den Vorstand des neuen Hilfsvereins bilden sollte.

Vom Verein zur Stiftung

1998 wurde der «Verein BioVision» gegründet. Mit Hans Herren als Präsident und Andreas Schriber als Vizepräsident. Vereinszweck laut Statuten: «Förderung der Erhaltung der natürlichen Lebensbedingungen für heutige und kommende Generationen. Es soll vor allem die Lebenssituation der Menschen in Entwicklungsgebieten der Dritten Welt nachhaltig verbessert werden. Um die Umwelt zu schonen, ist ökologisches Denken und Handeln zu fördern.» Und da man nicht einfach Gelder streuen, sondern die Menschen zu Selbstständigkeit animieren wollte, wurde der Entwicklungszusammenarbeit das Postulat «Hilfe zur Selbsthilfe» zugrunde gelegt.

Hans Herren legte in die Vereinskasse, was vom Geld des Welternährungspreises übrig geblieben war. Später flossen auch der Brandenberger-Preis und weitere Preisgelder ins Hilfswerk. Da man im riesigen und vielerorts bitterarmen Afrika auch grössere Brötchen backen wollte, machte sich der Vereinsvorstand auf die Suche nach einer stattlichen Gemeinde von Mitgliedern und Spendern. Um möglichst viele Leute anzusprechen, lancierte der Verein zusammen mit freiwilligen Helferinnen und Helfern einen umfangreichen Briefversand, wozu man, wie im professionellen Fundraising üblich, geeignete Adresslisten kaufte. Die Strategie zahlte sich aus. Biovision hatte bald schon mehrere Tausend Mitglieder.

Sein erstes Domizil hatte der Verein in einer alten Textilfabrik «Am Wasser 55» in Zürich-Höngg, als Gast von Jürg und Verena Weber, die dort ihren Handel mit Bioprodukten betreiben. Als Geschäftsführer fungierte Peter Lüthi; heute ist er bei der Biovision für Kommunikation und Kampagnen zuständig. Das starke Wachstum des Vereins und seine internationale Ausrichtung machten nach einigen Jahren eine neue Organisationsform nötig. Deshalb wurde 2003 zusätzlich eine Stiftung gegründet, mit Hans Herren als Präsident des Stiftungsrates. Erst unter dem Namen «Stiftung Bio Vision», dann als «Stiftung BioVision» und ab 2010 schliesslich unter «Biovision – Stiftung für ökologische Entwicklung» wird nun der ursprüngliche Vereinszweck weiterentwickelt. Und da der Platz in Höngg zu eng geworden war, fand Biovision 2009 an der Schaffhauserstrasse 18 in Zürich ein neues Domizil.

Was aus der Biovision-Idee geworden ist, zeigt der Jahresbericht 2009. Aus Spenden, Legaten und Mitgliederbeiträgen kamen in jenem Jahr gut 4,8 Millionen Franken zusammen – trotz wirtschaftlich schwierigen Zeiten ein Wachstum von 17 Prozent gegenüber dem Vorjahr. Die stolze Zahl von 6000 Mitgliedern und 30 000 Spenderinnen und Spendern in der Schweiz, aber auch in Deutschland, Österreich und weiteren Ländern zeigt die grosse Resonanz des Stiftungszwecks. 2009 hat Biovision insgesamt 22 Projekte in Kenia, Tansania, Uganda, Äthiopien und der Schweiz unterstützt.

Die Projekte und die Stiftungsgeschäfte werden an der Zürcher Geschäftsstelle von einem Dutzend Mitarbeiterinnen und Mitarbeitern unter der Leitung von Andreas Schriber betreut. Die Biologin und mehrfache OL-Weltmeisterin Simone Niggli-Luder tritt in der Öffentlichkeit als Biovision-Botschafterin auf. Die ebenfalls weltbekannte Cellistin Sol Gabetta engagierte sich im März 2010 mit einem Benefizkonzert für das Biovision-Malariaprojekt.

Durch die Gründung von Biovision hatte Hans Herren von 1998 bis 2005 zwei Hüte auf dem Kopf. Als Generaldirektor am ICIPE in Nairobi leitete er umfangreiche internationale Forschungsprogramme. Als Präsident von Biovision hatte er die Möglichkeit, das am Institut erarbeitete Know-how für die afrikanische Landbevölkerung nutzbar zu machen. Die Projektbetreuer von Biovision arbeiten deshalb bis zum heutigen Tag eng mit den Fachleuten am ICIPE zusammen. Um die Entwicklungszusammenarbeit auf eine möglichst breite Basis zu stellen, pflegt Biovision zahlreiche Projektpartnerschaften mit in Afrika verankerten Organisationen sowie mit Schweizer Institutionen, etwa der Helvetas, dem FiBL (Forschungsinstitut für biologischen Landbau), dem Schweizer Tropeninstitut oder der DEZA (Direktion für Entwicklung und Zusammenarbeit). Die DEZA ist auch einer der wichtigsten Geldgeber des ICIPE.

Kamele, Bienen und Seide für Pokot

Im Rahmen von Biovision wollte Hans Herren die am ICIPE für Afrika entwickelte kommerzielle Nutzung von Honigbienen und Seidenraupen auch einer besonders armen Volksgruppe vermitteln. Das Volk der Pokot lebt hauptsächlich in Westpokot, einem trockenen und kargen Gebiet im Westen Kenias, das kaum Strassen oder Elektrizität kennt. Aus Armut wird das Buschland zur Gewinnung von Holzkohle gerodet; das rare Wasser macht Viehzucht nur sehr beschränkt möglich. Die 310 000 Menschen leben oftmals als Halbnomaden. Von den Kindern geht nur jedes zweite in die Schule. Besonders benachteiligt sind die Frauen, die meist sehr jung, nicht selten schon mit elf Jahren verheiratet werden und in der Gesellschaft kaum Rechte haben. Auch müssen sie sich mit der in der Region noch häufigen Polygamie arrangieren. Zu all dem Elend kommen immer wieder Fehden um Wasser- und Landrechte mit benachbarten Stämmen.

Das Produzieren von Honig und Seide könnte das entbehrungsreiche Leben stark verbessern und gleichzeitig die empfindliche Natur schonen. Pferdefuss des Vorhabens schien jedoch die fehlende Transportmöglichkeit, um Honig, Wachs und Rohseide von den dezentralen Kleinproduzenten zu weiterverarbeitenden Betrieben und Handelsorten zu bringen. Hans Herren hatte eine Idee: «Die Pokot halten als Milch- und Fleischlieferanten Kamele, denn die sehr genügsamen Tiere eignen sich für die karge Region wesentlich besser als Rinder. Da könnte man die Kamele doch auch als Transporttiere verwenden.»

Von der Idee zur Praxis war allerdings ein langer Weg. Allein schon einen Projektleiter zu finden, der vor Ort die Sache in die Hand nehmen konnte, schien ein fast unlösbares Problem, denn die Pokot akzeptierten aus Tradition keine importierten Ideen und gingen mit Fremden wenig zimperlich um. So schlummerte das Pokot-Projekt als gut gemeinter Wunsch vor sich hin.

Wieder einmal kam Hans Herren der Zufall zu Hilfe: «Über Ostern ging ich mit meiner Familie in den kenianischen Nationalpark Tsavo West auf Safari. Im Zeltcamp stand auf der Informationstafel der Name des Chefs: Rolf Gloor. Tönt ja blödsinnig schweizerisch. Das gibts doch nicht, war meine erste Reaktion.» Gloor war in der Tat Schweizer. Und noch viel erstaunlicher: Er hatte als Biologe längere Zeit bei den Pokot gelebt und schliesslich ein Buch über das Volk geschrieben. «Wenn du genug hast vom Camp, komm zu mir ans ICIPE und wir bauen in Westpokot ein Projekt auf», habe er Gloor beim Abschied offeriert, erinnert sich Herren.

Zwei Jahre später stand Rolf bei Hans im Büro. Und im Jahr 2004 übernahm er in Westpokot die Leitung des Projekts «Cabesi». Dies ist die Kurzformel für «camels, bees and silk» (Kamele, Bienen und Seide). Finanziell getragen wird Cabesi von Biovision und Cordaid, einer holländischen Organisation für Entwicklungszusammenarbeit. Die Bienen- und Seidensparte wird wissenschaftlich von Suresh Kumar Raina vom Commercial Insects Program am ICIPE betreut. Rolf Gloor erhält zudem fachliche Unterstützung aus Schweizer Imkerkreisen.

Warum das Kamelprojekt scheiterte

Für Bienen ist Westpokot in der Region des kenianischen North Rift Valley gut geeignet, denn es wachsen dort viele Arten von Akazien, deren Blüten reich an Nektar sind. Da der Blust von Norden nach Süden zeitlich verschoben ist, könnte man die Bienen in transportablen Kästen in die jeweils blühende Gegend bringen (wie dies etwa in Europa oder Amerika von professionellen Imkern gemacht wird). Eine Transportaufgabe, für die Hans Herren wiederum die Kamele ins Auge fasste. Da sich Kamele von Akazienblättern ernähren und die übrige Vegetation schonen, zudem mit ihren weichen Sohlen den Boden nicht strapazieren, passten sie auch ökologisch bestens ins Konzept.

Rolf Gloor trainierte in einem Pilotprojekt mit seinen lokalen Helfern 25 Kamele für das Tragen von Lasten und bildete die Tierbesitzer zu Kamelführern aus. Zudem wurden sechs Männer für die medizinische Behandlung kranker Tiere geschult. Leider blieb die Ausbildung in dieser ersten Runde stecken. Denn in der Tradition der Pokot sind Kamele eben keine Lasttiere, und die Männergesellschaft verweigerte sich der Neuerung. «Die Pokot haben sich totgelacht, als wir ihnen Kamele mit Bienenkästen auf dem Rücken zeigten», erinnert sich Herren an jene Projektphase. Aber auch die afrikanischen Bienen zeigten keine Begeisterung, als man sie versuchsweise in den Bienenkästen zu den blühenden Akazien transportierte. Die von Natur aus nervösen Insekten zeigten sich nach dem erzwungenen Ortswechsel völlig desorientiert und machten durch ihr wehrhaftes Verhalten den Kamelen und ihren Führern das Leben schwer.

Trotz dem Misserfolg haben die Cabesi-Projektverantwortlichen die Hoffnung nicht aufgegeben, dass die Pokot doch noch umzustimmen sind und künftig wenigstens Honig und Wachs mit den Kamelen zu den Sammelstellen transportieren. Aber auch ohne Kamelhilfe ist das Honiggeschäft auf gutem Weg. Inzwischen sind über 2000 Imker und Imkerinnen in der Lage, pro Jahr insgesamt bis zu 25 Tonnen Honig und bis zwei Tonnen Wachs zu produzieren. 2009 wurden 7000 Bienenwachskerzen verkauft.

Afrikanische Frauenförderung

Honig und Wachs werden in sechs von Biovision eingerichteten Honig-zentren gesammelt, wobei im Rahmen des Cabesi-Projekts neben Westpokot noch weitere Gegenden in der Region des kenianischen North Rift Valley (siehe Karte auf Seite 125) gefördert werden. Das Rift Valley, ein Teil des Ostafrikanischen Grabens, ist als stark vernachlässigte Region das Armenhaus Kenias. Von den Sammelstellen kommt der Honig auf den zentralen «Market Place» in Kapenguria (siehe Karte auf Seite 125), wo er gefiltert, in Gläser abgefüllt und verkauft wird. Aus dem Wachs werden Kerzen gemacht. Die Imker liefern zudem als begehrtes Heilmittel den Kittharz Propolis. Die Nachfrage nach den Bienenprodukten übersteigt das bisherige Angebot bei Weitem, denn mittlerweile gibt es auch eine internationale Käuferschaft. Handgezogene Bienenwachskerzen aus dem Cabesi-Projekt werden in der Schweiz von der TERRA VERDE Bio-Gourmet AG (die Firma des Biovision-Gründungsmitglieds Jürg Weber) angeboten.

Mercy Kiyapyap ist stellvertretende Projektleiterin bei Cabesi. Sie unterrichtete mehr als 1000 Leute in der Bienenzucht. Dies sind überwiegend Frauen. Mercy erzählte 2006 in einem Interview in der «FRAZ Frauenzeitung», wie sie als Kind die bei den Pokot traditionelle Diskriminierung des weiblichen Geschlechts erlebte. Sie durfte nicht in die Schule und sollte mit zwölf verheiratet werden. Sie habe sich gewehrt und sei deswegen täglich geschlagen worden. Schliesslich sei sie auf die Idee gekommen, Gemüse anzupflanzen und es auf dem Markt zu verkaufen. Damit habe sie sich die Schuluniform und die Bücher finanziert. Die Ausbildung von Pokot-Frauen zu Imkerinnen sei nun ein wichtiger Schritt zur Gleichberechtigung und bringe den Familien ein dringend benötigtes Einkommen.

Begehrte Wildseide

Ebenfalls eine Erfolgsstory ist die Seidenproduktion. Hier bietet die Natur im North Rift Valley einen besonderen Service. In Ostafrika gibt es mehr als 60 Wildarten von Seidenspinnern. Im Gegensatz zu dem im alten China domestizierten Seidenspinner *Bombyx mori*, dessen Raupen sich nur von Maulbeerblättern ernähren, leben die Wildarten von den verschiedensten Pflanzen. In der North-Rift-Region ist der Seidenspinner *Epiphora bauhiniae* heimisch. Seine Nahrung sind zwei Arten der Gattung *Zizyphus*, Kreuzdorngewächse, die in trockenen Gegenden rasch wachsen und sich mit einem starken Dornenkleid gegen Feinde wehren.

Die Entomologen am ICIPE erforschten den Lebenszyklus des lokalen Seidenspinners und entwickelten eine schonende Zuchttechnik, damit die Insektenpopulationen nachhaltig bewirtschaftet werden können. Ein Seidenspinnerweibchen legt etwa 300 Eier, aus denen die Larven schlüpfen. Die Larven durchlaufen sechs Entwicklungsstadien und verpuppen sich schliesslich für die Verwandlung zum Schmetterling. Für diese heikle Metamorphose spinnen die Tiere als Schutz den Seidenkokon. Bei *Epiphora bauhiniae* dauert der Entwicklungszyklus um die 35 Tage.

Um die Wildbestände zu schonen, werden die Schmetterlingseier von den Seidenlieferanten in einer traditionellen Hütte produziert. Dazu werden Puppen in ihren Kokons von den Bäumen gepflückt und in der Hütte wie Perlen an Schnüren aufgehängt. Zum Schutz vor Eidechsen und andern Feinden wird ein engmaschiges Stoffnetz um die Insektenkinderstube gelegt. Nachdem die Schmetterlinge aus dem Kokon geschlüpft sind, verpaaren sie sich und legen die Eier irgendwo im Innern des Netzes. Die gezüchteten Eier werden nun im Freien im Blattwerk der *Zizyphus*-Pflanzen platziert, je 50 bis 100 Stück pro Ast. Die nach einigen Tagen schlüpfenden Larven suchen sich als Fressplatz ein leckeres Blatt. Damit sich nun nicht Vögel am Insektennachwuchs gütlich tun, wird über den bestückten Ast ein Netzmantel gestülpt. Ist ein Ast abgefressen, müssen die dort lebenden Raupen und das Schutznetz auf einen frischen Fressplatz transferiert werden. Eine zwar kostengünstige, aber ziemlich zeitaufwändige Technik.

Als Alternative wurde eine Technik entwickelt, die den ganzen Baum mit einem Zelt aus einer Art Metall-Moskitonetz umgibt. Anstatt in einer Hütte werden nun die Kokons mit ihren Puppen direkt in den

Baum gehängt. Die geschlüpften Schmetterlinge vermehren sich und legen die Eier ins Geäst. Die Larven wiederum fressen sich fett und verpuppen sich dann. Diese Wildseidenbewirtschaftung ist wesentlich weniger zeitraubend. Dafür kostet das hohe Drahtgehäuse pro Baum gegen 4000 Kenia-Shillinge (etwa 60 Schweizer Franken). Als weitere Möglichkeit will Cabesi nun die Fressbäume in grösseren Plantagen wachsen lassen und die Kokons ohne schützende Netze in das Blattwerk hängen. Tausend Bäume sind bereits gepflanzt. Dank einer grossen Zahl von Raupen sollten sich die Verluste durch räuberische Vögel und Eidechsen klein halten und die nun wegfallenden Netzkosten die Wirtschaftlichkeit verbessern.

Im North Rift Valley wird seit 2004 Wildseide gewonnen. Pro Kokon erhält der Lieferant umgerechnet etwa 3 Rappen. Da die Kokons der wilden Seidenspinner schwerer als die Kokons der domestizierten Schmetterlinge sind, braucht es für 100 Gramm Rohseide lediglich etwa 200 Kokons. Um die Populationen der Wildarten zu schützen, müssen die gelieferten Kokons leer sein – der Seidenproduzent darf die jungen Schmetterlinge vor dem Schlüpfen also nicht mit heissem Wasser töten und muss sich für die Ernte bis nach dem Schlüpfen gedulden. Beim Schlüpfen wird allerdings der zusammenhängende Seidenfaden in Einzelteile zerrissen, weshalb die Wildseide zahlreiche Knüpfstellen und somit eine charakteristische Noppenstruktur zeigt.

Das ICIPE hat auch eine Reihe von Frauen für die Weiterverarbeitung der Kokons ausgebildet. Die Kokons müssen zur Reinigung und zum Entfernen des Seidenleims erst gekocht werden. Danach wird der Seidenfaden zu Rohseide gesponnen und auf einfachen Handwebstühlen zu Stoffen gewoben. Diese Weiterverarbeitung findet heute vor allem noch in Nairobi statt; eine Produktion in Westpokot ist im Aufbau. Um die Wertschöpfung in Kenia zu erhöhen, werden Seidenstoffe auch gefärbt oder bedruckt. Handbedruckte Stoffe aus Wildseide finden in Boutiquen in Nairobi bereits guten Absatz.

Um weiteren Kleinbauernfamilien zu einer besseren Existenz zu verhelfen, sind im Rahmen des Cabesi-Projekts 200 Familien instruiert worden, wie die lokal vorkommenden Aloepflanzen zu Seifen und Lotionen verarbeitet werden können. Zurzeit erarbeitet Biovision mit den Cabesi-Leuten einen Businessplan für das Etablieren einer «Cabesi Development Company». Mit dieser Firma soll die Lokalbevölkerung das Projekt künftig in Eigenregie weiterführen. Ganz im Sinn der Biovision-Devise «Hilfe zur Selbsthilfe».

Stopp Malaria

Das Umsetzen des am ICIPE entwickelten integrierten Vektor-managements (IVM; Vektor bedeutet Träger von Krankheitserregern) beim Kampf gegen die Malaria ist zu einem Hauptanliegen von Biovision geworden. IVM nutzt, analog dem integrierten Pflanzenschutz bei der Bekämpfung von Pflanzenkrankheiten und Pflanzenschädlingen, anstelle der herkömmlichen Verwendung chemischer Gifte natürliche und umweltschonende Insektizide wie das Bti-Toxin des *Bacillus thuringiensis israelensis*. Zudem bemüht man sich, das Übel an der Wurzel zu packen, indem man Vorkehrungen trifft, damit Populationen von Malariamücken erst gar nicht entstehen.

Um ihre Forschungsergebnisse in der Praxis zu testen, startete das ICIPE in Zusammenarbeit mit dem Kenya Medical Research Institute (KEMRI) unter der Leitung des Insektenforschers Charles Mbogo in Malindi (siehe Karte auf Seite 125) im Jahr 2001 ein grosses Malariaprojekt. Biovision unterstützt das Projekt nach wie vor sowohl finanziell als auch fachlich. Der emeritierte ETH-Professor Peter Lüthy, ein weltweit renommierter Wissenschafter auf dem Gebiet der biologischen Bekämpfung von Stechmücken, begleitete in den ersten Projektjahren als Experte ein Trainingsprogramm.

Malindi wurde als Projektort ausgewählt, weil hier die Malaria ihre besondere Geschichte hat. Die malerische Stadt am Indischen Ozean mit ihrer arabischen Geschichte war in früheren Zeiten kaum von Malaria betroffen. Als im 20. Jahrhundert die englischen Kolonialherren und später vor allem die Italiener Malindi als Seebad entdeckten, änderte sich das Stadtbild. Hotelbauten und Villen schossen aus dem

Im Jahr 1991 verleiht die frühere britische Premierministerin Margaret Thatcher in London Hans Rudolf Herren den «Sir and Lady Rank Prize for Nutrition».

Hans Herren, seine Frau Barbara und die Kinder Matthew, Gisèle und Jeremy an der Verleihung des Welternährungspreises in Iowa am 16. Oktober 1995.

US-Präsident Bill Clinton gratuliert Hans Herren zum Welternährungspreis.

Im April 2003 darf Hans Herren im Beisein seiner Familie in Los Angeles den
«Tyler Prize for Environmental Achievement» entgegennehmen.

Hans Herren und Prinz Charles 2001 an einer Konferenz über nachhaltige Landwirtschaft.

Das International Centre of Insect Physiology and Ecology (ICIPE) in Nairobi,
wo Hans Herren von 1994 bis 2005 als Generaldirektor arbeitete.

Hans Herren in seinem Büro am ICIPE.

Kenia mit den verschiedenen Arbeitsorten des ICIPE und den Projektgebieten
der Stiftung Biovision.

Die Schlafkrankheit beim Menschen und Nagana beim Vieh werden von der Tsetsefliege übertragen. Die Tiere leiden an Blutarmut, verlieren den Appetit und werden zunehmend schwächer.

Die am ICIPE entwickelte Tsetsefalle hat sich in Äthiopien bestens bewährt.

Die von Zeyaur Khan am ICIPE entwickelte biologische Push-Pull-Methode bekämpft erfolgreich den gefürchteten Stängelbohrer sowie das Unkraut Striga im Maisfeld.

Push-Pull arbeitet mit einer Mischsaat von Mais und Desmodium und einem Pflanzensaum aus Napier-Gras.

Das von der Biovision lancierte Cabesi-Projekt trainiert in Westkenia Kamele für das Tragen von Lasten. Damit sollen künftig Honig, Bienenwachs und Rohseide von den dezentralen Kleinproduzenten zu den Sammelstellen transportiert werden.

Biovision-Geschäftsleiter Andreas Schriber und Mercy Kiyapyap vom Cabesi-Projekt begutachten im Honigverarbeitungszentrum eine Bienenwabe.

Cabesi-Projektleiter Rolf Gloor demonstriert die Vorzüge der neuen Bienenkästen.

Damit der Wildseidenlieferant zu neuen Raupen kommt, hängt er in der Hütte Kokons an
Schnüren auf, lässt daraus den Schmetterling schlüpfen und setzt die nach der Verpaarung
gelegten Eier im Freien ins Blattwerk der Fresspflanzen.

Aus den Eiern schlüpfen Raupen (Insektenlarven), die nach vier Wochen
für die Verwandlung zum Schmetterling einen Seidenkokon spinnen.

Für die Produktion von Wildseide wird der Seidenspinner *Epiphora bauhiniae*
eingesetzt.

Professor Peter Lüthy begleitete das Malariaprojekt der Biovision als Experte.
In einem Wassertümpel wird nach Mückenlarven gesucht.

Imprägnierte Bettnetze schützen in der Nacht vor Moskitostichen.

Verwitwete Frauen in Nyabondo züchten in einem Selbsthilfeprojekt in Weihern den Speisefisch Tilapia. Der Fisch frisst die im Wasser heranwachsenden Larven der Malariamücken und bringt den Frauen zudem wirtschaftlichen Profit.

Die von Peter Baumgartner kreierte Bauernzeitung «The Organic Farmer» («TOF») erreicht in Ostafrika monatlich um die 170 000 Leser und Leserinnen.

John Cheburet von «TOF»-Radio und «TOF»-Mitarbeiterin Su Kahumbu.

Die Biologin und OL-Weltmeisterin Simone Niggli-Luder engagiert sich als Biovision-Botschafterin und besuchte in dieser Funktion auch verschiedene Projekte in Afrika.

Hans Herren dankt im März 2010 in Basel der Cellistin Sol Gabetta für das Benefizkonzert.

Hans Herren pflegt im Sommer 2008 seinen Rebberg im Capay Valley in Kalifornien.

Boden; am Stadtrand entstanden planlos Wohnquartiere und Slums von Leuten, die in der Hoffnung auf ein besseres Leben aus der weiteren Umgebung zugezogen waren. Heute zählt Malindi um die 80 000 Einwohner.

Zeigt die Stadt während der Touristensaison zwischen August und März ein geschäftiges Gesicht, sind Hotels und Ferienhäuser in der Regenzeit von April bis Juni ausgestorben. In dieser Zeit aber werden die Moskitos zum Leben erweckt, die in den Regenwassertümpeln der nicht benutzten Swimmingpools ideale Brutstätten finden. Brutstätten der Mückenlarven sind ebenfalls die zahllosen offenen Abwassergräben in den schäbigen Wohnquartieren, die umherstehenden Wassertonnen, die Brunnenlöcher, welche die Bewohner mangels einer regulären Wasserversorgung gebuddelt haben. Selbst ein achtlos weggeworfener Plastikbecher oder ein Loch im Strassenbelag wird, mit Regenwasser gefüllt, zur Moskitokinderstube.

Nachdem eine erste Bestandesaufnahme gezeigt hatte, dass über 90 Prozent der Moskitobrutstätten in Malindi von den Menschen selber geschaffen worden waren, wurde auch die Stossrichtung der Antimalariakampagne klar: Man musste in erster Linie die Leute über die wahre Ursache der Malariaplage aufklären und sie darüber instruieren, wie sie durch ein verändertes Verhalten das Problem weitgehend selber lösen können.

Erfolgreiche Prävention dank Moskito-Scouts

In Malindi wurde die Idee der Moskito-Scouts, der Stechmückenspäher, geboren. Aus der Erfahrung, dass Massnahmen am ehesten akzeptiert werden, wenn sie direkt von den Betroffenen mitgestaltet und mitgetragen werden, gründete man eine Partnerschaft mit elf verschiedenen Bevölkerungsgruppen aus den unterschiedlichsten sozialen und wirtschaftlichen Kreisen der Stadt, vom Frauenverein bis zur Jugendgruppe, vom Gesundheitsamt bis zur Hotelliervereinigung.

Aus all diesen Gruppen rekrutierte das ICIPE interessierte Personen, die in einem intensiven Training von den Wissenschaftern ausgebildet wurden. Nach der Ausbildungsphase blieben schliesslich ein paar Dutzend Männer und Frauen übrig, die sich als Moskito-Scouts eigneten. Indem diese Leute für ihre Tätigkeit entlöhnt werden, stärkt man ihren Einsatzwillen und bietet den meist jungen Leuten zugleich eine Arbeitsmöglichkeit.

Jeder Scout hat heute im Stadtrayon von Malindi sein eigenes Arbeitsfeld von einem Quadratkilometer. Eine typische Arbeitswoche beginnt am Montagmorgen mit der Inspektion der offenen Wasserstellen. Mit einer Schöpfkelle nimmt er überall von den Wasseroberflächen Proben und sucht nach Mückenlarven. Identifiziert er die gefundenen Insekten als Malariamückenlarven, notiert er sich das Ergebnis in ein Heft. An zwei Abenden der Woche geht er zu bestimmten Häusern und hängt eine lampenähnliche Lichtfalle in eines der Zimmer. Am folgenden frühen Morgen holt er die Lichtfalle wieder und kontrolliert, ob in der Nacht Malariamücken gefangen worden sind. Kann er Larven und Mücken nicht selber identifizieren, helfen ihm Insektenfachleute bei der Evaluation.

Aufgrund der stadtweit erhobenen Daten entsteht ein laufend aktualisiertes Gesamtbild der Stechmückenpopulation. Gestützt auf den Befund werden Brutgebietkarten erstellt, und zusammen mit Behörden, Quartierbewohnern und Hausbesitzern werden die nötigen Massnahmen getroffen. Fliessendes Wasser ist kein Problem, stehendes Wasser aber ist gefährlich. So werden Wasserstellen trockengelegt oder zugedeckt. Wo dies nicht möglich ist, etwa bei Wassertränken oder bei Abwassergräben, wird das von Fachpersonal dosierte und nur für Stechmücken schädliche Bti-Toxin versprüht. Bei diesen Sanierungsmassnahmen arbeiten die Fachleute wiederum eng mit den lokal gut bekannten Scouts zusammen, was die Akzeptanz bei der gegen externe Aktionen nicht selten misstrauischen Bevölkerung entscheidend stärkt.

Als weitere Barriere gegen die Malaria werden an besonders gefährdete Bewohner – Kinder unter fünf Jahren, deren Körper sich noch nicht gegen die Infektion wehren kann, und schwangere Frauen –

Moskitonetze zu stark reduziertem Preis abgegeben. Sie sind mit Pyrethroiden, auf Insekten neurotoxisch wirkende Abkömmlinge der Chrysanthemen, imprägniert und sollen, wie ein Zelt über das Bett gehängt, während der Nacht vor Mückenstichen schützen. Und als letzte Massnahme wird sichergestellt, dass in Spitälern genügend Medikamente zur Verfügung stehen, damit bei Aufflackern einer lokalen Malariaepidemie sofort therapeutisch reagiert werden kann.

Wie erfolgreich ist das Malindi-Malariaprojekt? Hans Herren kennt erfreuliche Zahlen: «Es ist uns gelungen, in Malindi die Moskitopopulationen um 50 Prozent zu reduzieren. Und während noch vor wenigen Jahren nur 16 Prozent der Bevölkerung Moskitonetze verwendeten, sind es heute im Projektgebiet 80 Prozent. Wurde früher in den Spitälern von Malindi jeder dritte Patient wegen Malaria behandelt, und Malaria war hier die Todesursache Nummer eins, sind die Malariafälle bei den Kindern in den vergangenen Jahren um 50 Prozent zurückgegangen. Diese Zahlen zeigen, dass der ganzheitliche Ansatz funktioniert.»

Peter Lüthy, der Stechmückenexperte der ETH, drückt im Jahresbericht der Biovision ebenfalls seine Genugtuung aus: «Wir konnten Menschenleben retten. Und wir haben gezeigt, dass der integrierte Ansatz im Kampf gegen Malaria funktioniert. Das ist etwas vom Schönsten, was ich als Wissenschafter im Feld erlebt habe! Jeder investierte Franken hat sich gelohnt. Auf dieser Grundlage könnten viele Projekte in andern Gebieten realisiert werden.»

Sieg gegen die Hochlandmalaria

Um das integrierte Vektormanagement auch für ländliche Gebiete zu testen, lancierten das ICIPE und Biovision 2004 ein Malariaprojekt in Nyabondo (siehe Karte auf Seite 125). Diese Region mit etwa 34 000 Einwohnern liegt auf einem Plateau über dem Victoriasee im Westen Kenias. Ein grosser Teil der Hochebene besteht aus sehr lehmigem Boden. Viele Einheimische leben von der Herstellung handgefertigter Lehmziegel, die als «Nyabondo Bricks» guten Absatz finden.

Die Kehrseite der Medaille: Durch den Lehmabbau entstanden Tausende von Gruben, die sich mit Regenwasser füllten und so zu Brutstätten für die Malariamücken wurden. War Malaria im eher kühlen und trockenen Klima des Hochlands früher selten, machten diese von Menschen geschaffenen Wasserlöcher die Krankheit allgegenwärtig. Als «Hochland-Malaria» hatte die tödliche Infektion eine neue Nische gefunden.

Dank Aufklärung liessen sich die Einheimischen dazu motivieren, nicht mehr benutzte Lehmgruben einzuebnen oder mit Entwässerungsgräben zu drainieren. Bei den Lehmgruben, die weiterhin ausgebeutet werden, kommt Bti als Insektizid zum Einsatz. Und wie in Malindi werden imprägnierte Moskitonetze verteilt. Auch klärt man die Leute über die typischen Symptome einer Malariakrankheit auf und hält sie dazu an, bei ersten Anzeichen sofort zum Arzt und nicht zum traditionellen Heiler zu gehen. Da die Menschen in Afrika Theaterstücke lieben, zeigen junge Schauspieler mit einem witzigen Puppentheater, wie man die Mücken bekämpfen soll, was die Symptome einer Malaria sind und wie man die Krankheit behandeln kann.

Wie in Malindi führte auch das Malariaprojekt in Nyabondo zu einer eindrücklichen Verbesserung der Situation. Die Mückenpopulationen gingen um 80 Prozent zurück. Die Malariaerkrankungen sanken um über 85 Prozent. Und starb im St.-Joseph-Missionsspital Nyabondo früher in der Regenzeit praktisch täglich ein Patient an Malaria, sind solche Todesfälle heute selten geworden.

Das Malariaprojekt bringt den Einheimischen einen zusätzlichen Nutzen. Man instruiert die Leute, wie sie nutzlos gewordene Lehmböden in wertvolles Ackerland verwandeln können: Ausgebeutete Gruben werden mit Ziegelabfällen und Schlamm gefüllt und mit einer Deckschicht aus Ästen, Kompost und Mist zu fruchtbarem Boden gemacht. So können heute Kleinbauern, die früher kaum ein Auskommen hatten, mit dem neu gewonnenen Ackerland erfolgreich wirtschaften. Den Bauern wird zudem biologischer Landbau gezeigt. Unter anderem auch die am ICIPE entwickelte Push-Pull-Methode, die Unkräuter und Schadinsekten mit natürlichen Mitteln aus der Pflanzung vertreibt und die Bodenqualität verbessert.

Der Bauer Raphael Owakawere hat 2005 als einer der ersten mit der Rückeroberung von ausgebeutetem Land begonnen. Er schildert in einer Broschüre der Biovision seine Erfahrungen: «Mit der empfohlenen Push-Pull-Methode habe ich heute beim Mais und bei den Bohnen bis zehnmal höhere Erträge als früher. Und dank dem biologischen Landbau muss ich kein Geld mehr ausgeben für Dünger oder die Miete eines Pfluges.»

Owakawere hat sein Land terrassiert und mit Dämmen gegen die Wassererosion geschützt. Mit seiner Frau Felisia hat er im neuen Maisfeld auch Bäume gepflanzt. Wenn die Bäume gross geworden sind, bietet solche Agroforstwirtschaft den Kulturen Schutz vor der brennenden Tropensonne. Ein Saum aus feuerfesten Büschen hält zudem Buschbrände von den Pflanzungen ab. Owakaweres Hof dient heute als Modellbetrieb (Farmer Field School). Hier erhielten bereits über 200 Bäuerinnen und Bauern praktischen Unterricht im biologischen Anbau mit Mischkulturen und Fruchtwechsel, im Bau von Bewässerungskanälen und in der Herstellung von Kompost.

Fischteich statt Mückenbrutstätte

Eine besonders clevere Lösung im Kampf gegen die Malaria praktizieren die «Witwen von Oboch». In dem in der Region Nyabondo gelegenen Ort Oboch gründete im Jahr 2002 Consolata Muga die Selbsthilfegruppe «Siatok». Sie schloss sich mit 21 andern Frauen, die wie sie selber Witwen sind, zur Siatok-Witwen- und Waisengruppe zusammen. Die Frauen hatten ihre Männer durch Aids, Malaria und andere Krankheiten verloren und mussten nun täglich um das nackte Überleben ihrer Familien kämpfen. Denn in Kenia verdienen in der Regel nur Männer bares Geld, was die Familie wirtschaftlich völlig von den Vätern abhängig macht.

Um zu Geld zu kommen, hat die Siatok-Selbsthilfegruppe eine ganze Palette von Tätigkeiten entwickelt. Die Witwen flechten Körbe, betreiben eine Maismühle, halten Ziegen und verkaufen Milch und Fleisch. Das Nyabondo-Malariaprojekt von Biovision eröffnete eine zusätzliche Chance. Die Frauen lernten nicht nur, wie sie sich und ihre Kinder vor Malaria schützen können, sie erfuhren auch, dass man in Weihern Fische züchten kann. So machten die Witwen von Oboch aus der Malarianot eine Tugend.

Tilapia, ein beliebter Speisefisch, ernährt sich vorzugsweise von Insektenlarven. Züchtet man Tilapia in einem von Malarialarven verseuchten Wassertümpel, praktiziert man biologische Schädlingsbekämpfung und hat erst noch einen wirtschaftlichen Profit. Die Frauen liessen sich von den Insektenforschern und vom Ministerium für Fischerei beraten. Sie legten ihre Ersparnisse zusammen und verwandelten einen alten Lehmtümpel in einen Fischteich. Darin setzten sie 900 Tilapia-Jungfische aus, die sich an den Moskitolarven gütlich taten und prächtig gediehen.

Nur Monate später zogen die Frauen mit Netzen und Tüchern Hunderte der gross gewordenen Fische aus dem Teich. Damit ernährten sie ihre Familien und verkauften den restlichen Fang auf dem Lokalmarkt für 30 Shilling (etwa 50 Rappen) das Stück. Dank dem Willen zur Selbsthilfe und der Unterstützung durch das Malariaprojekt stehen die Witwen von Oboch heute auf wirtschaftlich festem Boden.

Das Konzept des integrierten Vektormanagements hat sich in Malindi und Nyabondo sehr gut bewährt. Auf die Frage, was nun weiter geschehen soll, hat Hans Herren eine klare Antwort: «Was in den beiden Testregionen geklappt hat, wird auch in andern Malariagebieten funktionieren. Es geht ja vor allem um Aufklärung und um die Bekämpfung der Moskitolarven in der Nähe von Siedlungen mit ökologisch unbedenklichen Massnahmen. Und dies kann man überall auf der Welt praktizieren. Wir wollen unser Konzept nun in weiteren Regionen umsetzen; in Äthiopien haben wir damit bereits begonnen. Auch in den Tropen von Asien und Südamerika liessen sich mit dem IVM viele der von Stechmücken übertragenen Krankheiten bekämpfen. Für eine globale Umsetzung braucht es allerdings die Unterstützung einer globalen Organisation. Wir waren schon mehrmals bei der WHO (Weltgesundheitsorganisation) in Genf, um unser IVM vorzustellen. Bisher leider mit eher mässiger Resonanz. In der WHO sitzen vor allem Ärzte. Und die sind an Menschen interessiert und nicht an Mücken und an der Umwelt. Es braucht für unser Malariakonzept noch sehr viel Überzeugungsarbeit.»

Eine Zeitung für den Biobauer

Peter Baumgartner war mehr als zehn Jahre lang politischer Afrikakorrespondent für den Zürcher «Tages-Anzeiger». Nach seiner Pensionierung blieb er in Nairobi. Der alte Journalistenkollege von Andreas Schriber kannte die Arbeit von Biovision. 2004 tauchte er eines Tages am ICIPE auf, wo Hans Herren noch bis 2005 als Generaldirektor wirkte. Herren erinnert sich mit einem Schmunzeln an die Lektion, die ihm Peter erteilte: «Hans, ihr habt hier schöne Büros und das Institut hat einen schönen Namen. Und ihr publiziert eure Forschungsresultate in respektablen Fachjournalen. Es ist ja gutes Zeug, das ihr hier macht. Es nützt aber den Bauern, die ich kennen gelernt habe, herzlich wenig. Die wissen doch gar nicht, was ihr hier macht. Ihr müsst eine Zeitung für die Bauern machen.»

«Peters Vorwurf hatte mir eingeleuchtet», sagt Herren. «Denn schliesslich leben in Afrika 80 Prozent der Leute direkt oder indirekt von der Landwirtschaft. Will man Afrika weiterbringen, muss man vor allem auch den Bäuerinnen und Bauern zeigen, wie sie ihre Arbeit optimieren können.» Deshalb habe er sofort eingewilligt, als Peter eine solche Bauernzeitung auf die Beine stellen wollte.

Es ging nicht lange und Peter stand wieder im Büro von Hans. Mit einem Entwurf einer Bauernzeitung, wie sie sich der Journalist vorstellte. Herren fand den Vorschlag gut. Es stellte sich aber die Frage, wer die Zeitung herausgeben konnte und woher das Geld für ein solches Projekt kommen sollte. Mit der in Kenia domizilierten internationalen Institution ICIPE fand sich der ideale Herausgeber. Und die Biovision übernahm die Finanzierung der Zeitung.

Man entschied sich für den Titel «The Organic Farmer» (Der Bio-Bauer), da man den Bauern vor allem die Methoden des biologischen und nachhaltigen Landbaus und der biologischen Schädlingsbekämpfung vermitteln will. Baumgartner übernahm die Funktion eines Projektleiters und suchte sich einen Kenianer als Redaktor. Mit Peter Kamau, der selbst Bauer ist und ebenfalls als Journalist arbeitet, hat Baumgartner den idealen Partner gefunden. Und als Sekretärin, die auch den Versand betreut, amtet Lucy Macharia.

Im April 2005 war die erste Nummer von «The Organic Farmer» («TOF») geboren. Seither sind Verbreitung und Auflage kontinuierlich gestiegen. Mit 21 000 Exemplaren erscheint die Bauernzeitung heute jeden Monat und wird in Kenia und in den umliegenden Ländern verschickt. Die Zeitung geht gratis an 1900 Bauerngemeinschaften; Einzelbezüger können für umgerechnet 15 Franken ein Jahresabonnement beziehen. Dank Mehrfachnutzung dürften monatlich um die 170 000 Bauern und Bäuerinnen «TOF» lesen. Und wer nicht lesen kann, bekommt die Informationen oftmals von Kollegen und Freundinnen mitgeteilt. Damit auch Leute ausserhalb des Verteilers von «TOF» profitieren können, wird die Zeitung zudem ins Internet gestellt und kann so selbst in Bolivien oder Burma gelesen werden (www.organicfarmermagazine.org). Die Internetausgabe stellt auch sämtliche bisher erschienenen Nummern ins Netz, wodurch ein wertvolles Archiv zur Verfügung steht.

2008 drehte der Schweizer Filmer Franz A. Schnyder über «The Organic Farmer» den Dokumentarfilm «Muzungu». Darin schildert Peter Baumgartner, wie sein Team die Zeitung macht: «Wir haben eigentlich kein redaktionelles Konzept. Wir haben eine Vorstellung davon, was die Bauern wissen sollten. Und wir orientieren uns am Ablauf des Bauernjahres und vor allem auch an den Themen und Fragen, die uns die Bauern selber liefern. Pro Monat treffen um die 200 Anfragen per Leserbrief, Telefon, SMS oder E-Mail auf der Redaktion ein, die wir entweder direkt beantworten oder in der Zeitung für die Leserschaft aufbereiten.»

Bio-Powerfrau Su Kahumbu

Seine wertvollste externe Mitarbeiterin sei Su Kahumbu, schwärmt Baumgartner. Su erscheint im Dokumentarfilm als veritable Powerfrau. Die attraktive Lady ist die Tochter einer englischen Mutter und eines kenianischen Vaters und gehört in Kenia offensichtlich zur wachsenden Gruppe von Frauen, die sich von der traditionellen Männerherrschaft emanzipiert hat. Su Kahumbu tritt gelegentlich am Abend mit ihrer Rockband auf. Am Tag schuftet sie von morgens bis abends auf ihrer Farm, dem ersten biologisch bewirtschafteten Grossbetrieb in Kenia.

Als Peter Baumgartner eines Tages auf ihrer Farm zu Besuch gewesen sei und ihr seine Bauernzeitung gezeigt habe, sei sie tief beeindruckt gewesen, sagt Su im Dokumentarfilm. Dass sich nun Leute darum bemühten, den Biolandbau, den sie ja selber intensiv pflege, einer grossen Bauerngemeinde zu vermitteln, habe ihr imponiert. Als Peter sie gebeten habe, im «TOF» jeweils Fragen zum Biolandbau zu beantworten, habe sie sofort zugesagt. Sie sei mehr als glücklich, den Biobauern zu helfen und den Bioprodukten zu einem besseren Markt zu verhelfen.

Su Kahumbu ist mit ihren Beiträgen ein regelmässiger Gast im «TOF». Die Mitarbeit von Su beschränkt sich jedoch nicht auf Buchstaben. Sie hat inzwischen eine Vermarktungsorganisation aufgebaut, die den Kleinbauern, welche Bioprodukte anbauen, einen fairen Absatzmarkt garantiert. Ein Standbein von «TOF» ist die Beratung. Externe Mitarbeiter der Bauernzeitung betreiben unter dem Label «i-TOF» in Kenia seit 2009 vier dezentrale Informationszentren, wo Gruppen von interessierten Bauern direkt auf dem Feld gezeigt wird, wie sie ihre Ernten mit natürlichen Mitteln sichern und steigern können. Als Lehrer arbeiten auch Agronomen lokaler Landwirtschaftsschulen mit. Und da spezielle Produkte für den Biolandbau in Afrika vorderhand nur schwer erhältlich sind, vermitteln die Informationszentren den Bauern ebenfalls Bezugsquellen solcher Hilfsmittel, etwa Kieselalgenpulver, welches das Getreide gegen den Befall durch den Grossen Kornbohrer schützt.

Die i-TOF-Zentren haben zudem ein emanzipatorisches Anliegen. Obschon in Afrika ein Grossteil der Feldarbeit von den Frauen geleistet wird, haben nach wie vor die Männer das Sagen. Um hier Gegensteuer zu geben, gilt für die Informationstage die Quotenregelung halb Männer, halb Frauen. Eine Massnahme, hinter der ziemlich sicher die schlaue Su Kahumbu steckt.

«TOF» erscheint in englischer Sprache und umfasst jeweils acht Seiten. Nr. 54 vom November 2009 bietet beispielsweise folgende Themen: Warum Kunstdünger bei mageren Böden nicht viel bringt und die Bodenqualität durch organischen Dünger verbessert werden kann. Wie der Bauer bei seinem Vieh das berüchtigte Rift-Valley-Fieber erkennen und durch eine Schutzimpfung und andere präventive Massnahmen Verluste begrenzen kann. Wie mit relativ einfachen baulichen Massnahmen der Bauer Regenwasser für den Haushalt, für das Vieh und für die Felder sammeln kann.

Fragen der Leserschaft, die in Nr. 54 beantwortet werden, sind etwa: Wie viele Hühner kann ein Hahn bedienen? Warum schlüpfen aus einigen bebrüteten Eiern doch keine Küken? Wie lange braucht die neu gezüchtete Manioksorte MM96/5280 bis zur Reife? Wie sagt man Kuhbohne in der Kikuyu-Sprache? Natürlich darf die Stimme von Su Kahumbu nicht fehlen, die einen flammenden Aufruf zur Gründung einer landesweiten Organisation für den Biolandbau publiziert.

Drei Millionen hören «TOF»-Radio

Um eine noch viel grössere Zahl von Kleinbauern zu erreichen, produziert «The Organic Farmer» seit 2008 auch Radiosendungen. «TOF»-Radio wird von John Cheburet redaktionell betreut. Er produziert wöchentlich ein Magazin mit praktischen Ratschlägen für einen nachhaltigen und ökologisch schonenden Landbau. So erfahren auch Leute, die weder Lesen noch Schreiben gelernt haben, wie sie mit biologischen Methoden besser wirtschaften können. «TOF»-Radio wird von Biovision koordiniert und vom Liechtensteinischen Entwicklungsdienst (LED) finanziell getragen.

Das Programm wird von mehreren kenianischen Radiostationen in der am stärksten verbreiteten Sprache Kiswahili ausgestrahlt und dürfte in Kenia und in angrenzenden Ländern bis zu drei Millionen Menschen erreichen. Nach der Sendung werde er jeweils mit Fragen überhäuft, erzählt Cheburet in einem Newsletter von Biovision. Da er in der folgenden Wochensendung nur wenige Fragen beantworten könne und die Maisschädlinge auf dem Feld des besorgten Radiohörers nicht bis zum nächsten Radiotermin warten, schicke er Lösungsvorschläge oftmals per SMS. Denn mangels anderer Telekommunikation habe sich das Mobiltelefon in Kenia fast so schnell wie in den Industrieländern verbreitet.

Dass die Arbeit des engagierten Radiojournalisten bereits auch internationale Beachtung findet, zeigt die kürzlich von der Welternährungsorganisation FAO John Cheburet verliehene Auszeichnung «Farm Radio International Prize». «TOF» ist mittlerweile in ganz Ostafrika bekannt und begehrt, weshalb ab 2011 die Bauernzeitung auch in Kiswahili erscheint.

Landwirtschaftliche Infos per Mausklick

Neben der «TOF»-Zeitung und dem «TOF»-Radio gibt es elektronische Wissensvermittlung heute auch im Internet. Im Oktober 2007 schaltete die Stiftung Biovision die frei zugängliche Internetplattform «Infonet-Biovision» (www.infonet-biovision.org) auf. Laut dem Geschäftsbericht der Biovision sei der Anstoss zu diesem Dienst die Klage eines Kleinbauern in Westkenia gewesen, er komme jeweils nicht zu den nötigen Informationen, wenn er Probleme in seinen Gemüsekulturen habe.

Die Plattform liefert aktuelle Informationen zum ökologischen Landbau sowie zur biologischen Bekämpfung von Pflanzenschädlingen und Krankheitsüberträgern bei Mensch und Tier. Die spezifisch auf Ostafrika ausgerichteten Informationen bereiten wissenschaftliche Erkenntnisse in einfach verständlicher und gut bebilderter Form auf. Partner sind neben dem Internationalen Insektenforschungszentrum ICIPE in Kenia, dem Kenya Agriculture Research Institute (KARI) und dem kenianischen Agriculture Information and Resource Centre

(AIRC) auch das Schweizer Forschungsinstitut für Biolandbau (FiBL) sowie Avallain Enhancing Education, eine Schweizer Organisation für innovatives E-Learning für besseren Zugang zu Bildung und Wissen.

Die Auswahl der Themen beschränkt sich bewusst auf die 150 wichtigsten und am meisten verbreiteten Krankheiten und Schädlinge in Ostafrika, wobei über 1300 Fotos und Illustrationen der einzelnen Insekten oder der Krankheitssymptome dem Laien das Erkennen erleichtern. Auf der Webseite sind zudem sämtliche Ausgaben der Bauernzeitung «The Organic Farmer» gespeichert und können nach praktischen Tipps durchforstet und heruntergeladen werden. Da die wenigsten Kleinbauern über einen Internetanschluss verfügen, werden die in Afrika wie Pilze aus dem Boden schiessenden Internetcafés für den Zugang zur Plattform rege benutzt. Auch konsultieren die Leute das Infonet bei den lokalen Bauerngemeinschaften und Beratungsstellen. Für Orte, wo kein Internetanschluss, aber wenigstens ein Computer verfügbar ist, sind die Informationen von Infonet-Biovision auch auf einer CD erhältlich.

Infonet-Biovision ist sehr benutzerfreundlich aufgebaut. Die elektronische Bibliothek ist in die Sektoren Pflanzen, Tiere, Mensch und Umwelt gegliedert. Klickt man auf «Plant» erscheint unter der Rubrik «Pests» die alphabetische Liste der Pflanzenkrankheiten. Unter «Spotted Stemborer» erfährt der Bauer nun, dass *Chilo partellus* Mais, Reis und Sorghum befällt. Eine Karte zeigt, wo in Afrika der Schädling auftritt. Dann werden die Symptome des Befalls beschrieben und mit Bildern detailliert gezeigt. Die Biologie des Schadinsekts, Möglichkeiten der Prävention durch eine angepasste Bewirtschaftung, etwa mit Push-Pull oder durch Fruchtfolge, eine Anleitung zur biologischen Schädlingsbekämpfung und schliesslich Links zu weiteren Infos sowie zu einer Kontaktstelle an einem Forschungsinstitut sind weitere Hilfen. Unter «Plant» finden sich zudem Rubriken über Medizinalpflanzen (etwa Artemisia gegen Malaria), eine Auswahl natürlicher Pflanzenschutzmittel (etwa Neem, Bt oder Knoblauch) und Anleitungen zur Konservierung von Früchten und Gemüse (zum Beispiel durch Trocknen). Damit hat der Bauer für seine täglichen Sorgen einen praktischen Führer von unschätzbarem Wert.

Um einem stark erweiterten Kreis im ländlichen Afrika den Zugang zu ökologischen Informationen zu ermöglichen, arbeitet Biovision bereits auch an der Informationsvermittlung per Mobiltelefon. Durch spezielle Programme sollen einfache Frage-Antwort-Module mit den einzelnen Informationsprojekten von Biovision verknüpft werden.

So unternimmt Biovision die verschiedensten Anstrengungen, um das von den Forschungsstätten erarbeitete Wissen für die Landbevölkerung nutzbar zu machen. Umgekehrt sollen aber auch die praktischen Erfahrungen und Nöte der Bauern den Forschern nahegebracht werden. Nur wenn Bauern und Wissenschafter ihre Kenntnisse austauschen, entstehen tragfähige und nachhaltige Lösungen. Gemäss dem Motto «Wissen ist die einzige Ressource, die sich vermehrt, wenn man sie teilt» hat Biovision die Wissensverbreitung zu einem Hauptanliegen gemacht und investierte im Jahr 2009 in diese Aufgabe zwei Millionen Franken.

Wissenschaftlicher Blick
in die Kristallkugel
Globale Computersimulationen am Millennium Institute

Nachdem Hans Herren im Jahr 2005 seine Tätigkeit als Generaldirektor am ICIPE in Nairobi beendet hatte, musste er wieder Arbeit suchen. Einmal mehr dachte er an eine Rückkehr nach Kalifornien, wo Familie Herren mittlerweile eine Farm mit Weinberg besass. Da habe er im «Economist» eine Annonce gesehen, in der ein Präsident für das Millennium Institute in Arlington bei Washington D. C. gesucht wurde, erinnert sich Herren. Er habe sich über das Institut informiert und, da ihm der Job attraktiv erschienen sei, seinen Lebenslauf geschickt.

Bald schon meldeten sich die Verantwortlichen des Instituts, das vor allem rechnerische Modelle für globale Entwicklungsfragen erstellt, und signalisierten ihr Interesse an Hans Rudolf Herren. Obwohl Herren kein Computerfachmann war, passten seine jahrzehntelange Erfahrung mit Problemen der Entwicklungsländer, seine enormen Afrikakenntnisse und sein offensichtliches Verhandlungsgeschick mit Regierungsstellen und höchsten Amtspersonen sehr gut zu den Ambitionen des Instituts. Denn das Millennium Institute wollte sich nach einer Periode der Stagnation neu und dynamisch positionieren.

Auch Amerika ist Afrika

Hans Herren erhielt den Job, unterschrieb den Vertrag und wollte im April 2005 mit der Arbeit in Arlington beginnen. Ob er eine «Greencard» habe, erkundigte sich der neue Arbeitgeber noch beiläufig. Jedes

Jahr kann sich pro Nation eine bestimmte Zahl von Ausländern um diese magische Karte bewerben, mit der dann in den USA Wohnsitz und Arbeit genommen werden können. «Nein, habe ich nicht. Aber ich habe eine Amerikanerin als Frau, drei Kinder mit amerikanisch-schweizerischer Doppelbürgerschaft sowie ein Haus und eine Farm in Kalifornien – das sollte doch wohl genügen», sei sein Argument gewesen, erinnert sich Herren. Leider nein, habe ihm der Anwalt des Instituts beschieden. Seit der Terroristenattacke von 9/11 sei man in Amerika Fremden gegenüber besonders vorsichtig, und er komme nicht darum herum, ein Arbeitsvisum zu beantragen. Aufgrund der langen Warteliste könne dies bis zu 18 Monaten dauern. Falls er aber drei Leute finde, die einen Brief an die Immigrationsbehörden schrieben mit der Aussage, die offene Stelle müsse dringend neu besetzt werden und Hans Herren sei der einzige in Frage kommende Kandidat, könnte die Arbeitsbewilligung schneller eintreffen.

Hans Herren kennt in Amerika in der Tat ein paar Leute. So erhielten der frühere US-Präsident Jimmy Carter, der Präsident der National Academy of Sciences sowie der Chef einer grossen internationalen Stiftung einen freundlichen Brief, sich doch bitte für Hans Herren einzusetzen. Innert weniger Tage trafen die Empfehlungsschreiben der drei Persönlichkeiten bei den Immigrationsbehörden ein. Und nach zwei Wochen erhielt Herren von der US-Botschaft in Nairobi den Bescheid, er könne sein Arbeitsvisum abholen. «Ich erzähle diese Geschichte nur, um zu zeigen, dass Amerika letztlich wie Afrika funktioniert. Man muss bei Problemen nur die richtigen Leute kennen, dann klappts», schildert Herren seinen Einstieg in den US-Arbeitsmarkt.

Dank diesem Networking sass Hans Herren bereits am 1. Mai 2005 in seinem Präsidentenbüro in Arlington. Wiederum musste er für den Neustart Geld finden. «Ich weiss nicht, warum ich immer wieder in Dinge gerate, wo wenig oder kein Geld da ist», kommentiert Herren mit leicht ironischem Lachen. Nicht zuletzt dank seinen vielen Beziehungen sei es ihm jedoch gelungen, das Jahresbudget des Instituts von einer Million Dollar im Jahr 2005 auf drei Millionen für 2010 zu steigern.

Unterstützt wird das Institut heute von reichen Einzelpersonen und von Organisationen wie der Weltbank oder dem UN-Entwicklungsprogramm und dem UN-Umweltprogramm. Trotzdem sei die finanzielle Lage am Institut alles andere als komfortabel, klagt Herren. Denn Regierungsstellen, aber auch UN-Programme, mit denen das Institut gemeinsame Projekte durchführt, lassen sich zuweilen für das Bezahlen der Rechnungen sehr viel Zeit, sodass er seinen Mitarbeitern Ende Monat auch schon den Lohn schuldig bleiben musste.

Club of Rome plus Jimmy Carter

Das Millennium Institute ist eigentlich ein Kind des «Club of Rome». 1968 hatten sechs Persönlichkeiten aus Wissenschaft und Industrie diesen Club gegründet, um sich intensiv Gedanken über die künftige Entwicklung der Welt zu machen. Mithilfe von Computersimulationen kreierten sie verschiedene Szenarien betreffend die mögliche Entwicklung der Energienutzung und des Rohstoffverbrauchs, des Bevölkerungswachstums und der Umweltverschmutzung. Das 1972 unter dem Titel «The Limits to Growth» (Grenzen des Wachstums) publizierte Ergebnis dieser Studien erregte weltweites Aufsehen und weckte vielerorts ein vermehrtes ökologisches Gewissen.

Als Jimmy Carter 1977 Präsident der Vereinigten Staaten wurde, wollte er im Stil des Club of Rome ein langfristiges Bild der amerikanischen und der weltweiten Zukunft gewinnen. Er gab den «Global 2000 Report» in Auftrag, mit dem Jahr 2000 als Ziel der Projektion. Die Studie ergab ein eher chaotisches Bild, in dem etwa die verschiedenen Ministerien und Ämter der US-Regierung unkoordiniert vor sich her wurstelten und in dem keinerlei gemeinsame Planung für eine künftige Entwicklung bestand. Der Report lieferte eine Reihe konkreter Empfehlungen, wie die Wirtschaft und die Gesellschaft in den USA sich an die neuen Herausforderungen anpassen sollten. Hauptautor der Studie war Gerry Barney, ein Physiker des Massachusetts Institute of Technology (MIT), der bereits beim Zukunftsbild des Club of Rome mitgearbeitet hatte.

Als der Global 2000 Report fertig war und die Umsetzung der Empfehlungen in Angriff genommen werden sollte, verfehlte Jimmy Carter im November 1980 seine Wiederwahl. Sein Nachfolger als US-Präsident, Ronald Reagan, war ein Vollblutoptimist, der das Heil der Welt in einer boomenden Wirtschaft und der allgegenwärtigen Technik sah und von «Grenzen des Wachstums» nichts wissen wollte. So verschwand der Global 2000 Report in den Schubladen der Ämter und der «grüne» Carter zog sich auf seine Erdnussfarm zurück. Doch die Zukunft der Menschheit war Jimmy Carter nach wie vor ein Anliegen. Er gründete 1982 in Atlanta zusammen mit seiner Frau Rosalynn und der Emory University «The Carter Center».

Das Center hat mittlerweile in über 70 Ländern das Leben der Menschen verbessert, indem es mithalf, lokale Konflikte zu lösen, Demokratie und Menschenrechte förderte, die Gesundheit verbesserte und wirtschaftliche Bedingungen optimierte, etwa durch Schulung der Bauern, mit dem Ziel höherer und ökologisch verträglicher Ernten. Mit einem Stab von 175 Mitarbeitenden in Atlanta und in Zweigstellen in zwölf Ländern gehört das Carter Center mit einem Jahresbudget von 90 Millionen Dollar zu den Grossen der privaten Hilfsorganisationen.

Nur ein Jahr nach der Gründung des Carter Center wurde 1983 in Arlington mit Unterstützung des Carter Center das «Institute for Future Studies» gegründet. Mithilfe sehr leistungsfähiger Rechenmodelle sollte die frühere Arbeit des Club of Rome weiterentwickelt und sollten zusammen mit den einzelnen Nationen Lösungen für eine nachhaltige Entwicklung erarbeitet werden. Erster Präsident des Institute for Future Studies, später in Millennium Institute (MI) umbenannt, wurde Gerry Barney. Das Carter Center und das Millennium Institute arbeiten nach wie vor als strategische Partner zusammen.

Kleines Institut mit grossen Partnern

Als Barney 2005 in Pension ging, folgte ihm Hans Rudolf Herren auf den Präsidentenposten. Herren schildert, wie das Institut heute arbeitet: «Das MI ist trotz seiner anspruchsvollen Arbeit eine bescheidene Institution geblieben. Der permanente Mitarbeiterstab besteht aus lediglich sieben Personen, vor allem Mathematiker und Ökonomen, die weltweit verstreut leben und sich nur für bestimmte Projektarbeiten in Washington treffen. Zum permanenten Stab kommen zahlreiche externe Experten, die mit ihren spezifischen Fachkenntnissen an den einzelnen Projekten mitarbeiten. Um dem Institutsanliegen globale und nachhaltige Wirkung zu verschaffen, werden am MI laufend Doktoranden ausgebildet, die mit den Experten eng zusammenarbeiten und auch per Videokonferenz an das Geschehen in Washington D. C. angekoppelt sind.»

Was sind die Themen am MI? Mit der Firma General Motors als Partner ist M3, ein Computermodell zur Erfassung des Strassenverkehrs und seiner Zukunft, entwickelt worden. Berücksichtigt werden Faktoren wie Wirtschaft, Demografie, Verkehrspolitik, Infrastruktur, Energiebedarf und Behinderungen wie Verkehrsstau. M3 wird zurzeit in einem Dutzend Ländern wie den USA, China, Brasilien, Südafrika und Thailand eingesetzt, wobei sich General Motors nicht zuletzt für die Vorhersage der Verkaufszahlen ihrer Produkte interessiert.

Dem Energiethema gewidmet ist die Partnerschaft des MI mit ASPO-USA, der Association for the Study of Peak Oil – USA. Diese auf den ersten Blick etwas rätselhaft erscheinende Vereinigung geht davon aus, dass heute bereits das Maximum der Erdölförderung erreicht sei und der globale Verbrauch nun sukzessive kleiner werde. Mithilfe eines Computermodells werden Szenarien des künftigen Energiekonsums in den USA berechnet, wobei Parameter wie Erdölförderung, Handel, Verkehr, aber auch alternative Energieformen variiert werden.

Das Paradepferd des MI ist indes «Treshold 21» (T21), womit in den 1990er-Jahren der Übergang vom 20. ins 21. Jahrhundert ins Visier genommen wurde. T21 ist ein riesiges Simulationsmodell für die mittel- bis langfristige Planung. In der Wissenschaft wird unter dem Begriff «System Dynamics» schon seit Längerem Computersoftware entwickelt, die komplexe Vorgänge in Simulationsmodellen abbildet und dann schaut, wie sich das Geschehen ändert, wenn sich die einzelnen Parameter ändern.

Mit System Dynamics war damals auch das Prognosemodell des Club of Rome entwickelt worden. Und genau dieses mathematische Simulationsmodell durfte das Millennium Institute als Startkapital vom Club of Rome übernehmen. Daraus ist in über 20-jähriger Weiterentwicklung ein dynamisches Simulationswerkzeug entstanden, das heute die Daten von über 2000 veränderlichen Grössen mit einer Vielzahl von Gleichungen verknüpft und die damit erfasste Entwicklung innert weniger Sekunden für die nächsten 50 Jahre hochrechnet. T21 benutzt als Modelliersprache «Vensim» von «Ventana Systems», einer Softwarefirma, die eng mit den Mathematikern und Statistikern des MI zusammenarbeitet. Das Programm ist so raffiniert gebaut, dass es trotz der Riesenmenge an möglichen Parametern und Gleichungen selbst auf einem Laptop schnell die Resultate liefert.

Die wichtigste Anwendung von T21 sind Planungsmodelle für ganze Nationen. So können sich Politiker und Behörden fragen, wie sich Volkseinkommen, Gesundheit, Arbeitsmarkt, Umwelt verändern, wenn diese oder jene politische oder soziale Massnahme getroffen wird. Was passiert, wenn die Steuer auf das Benzin um einen bestimmten Betrag erhöht wird? Wie stark wird die wirtschaftliche Entwicklung darunter leiden? Würde sich dadurch möglicherweise aber die Umwelt verbessern und letztlich auch die Volksgesundheit, weil Leute dann vermehrt Fahrrad fahren würden oder zu Fuss gingen?

Hans Herren skizziert die Grenzen und Chancen von T21: «Natürlich zeigt das Modell nur eine wahrscheinliche Richtung für die künftige Entwicklung. Indem das Modell aber für jede einzelne Entwicklungsgrösse die möglichen Konsequenzen zeigt, wird es zum wichtigen Instrument der politischen Diskussion und der Gesetzgebung. Denn man kann nun eine vorgeschlagene Massnahme so lange variieren, bis die berechnete Konsequenz den Erwartungen entspricht. Oder mit dem Durchspielen der verschiedensten Möglichkeiten kann geprüft werden, was den grössten Nutzen mit dem kleinsten finanziellen Einsatz bringen könnte. Indem man das Modell auch am tatsächlichen Geschehen der Vergangenheit testet, lassen sich die einzelnen Bausteine der Simulation korrigieren und verfeinern. Und wenn die Wirkung einer getroffenen Massnahme nach zwei bis drei Jahren mit der Prognose des Modells verglichen wird, kann wiederum das Modell entsprechend verbessert werden.»

Solide Planung für Entwicklungsländer

T21 ist vor allem für Entwicklungsländer nützlich, wo oftmals wenig Erfahrung mit langfristiger Planung besteht und einzelne Sektoren noch sehr stark vernachlässigt sind. Allzu lange hat die industrialisierte Welt den Ländern im Süden gesagt, was sie zu tun haben. Jetzt sollen sie selber planen und über ihre Zukunft entscheiden. Dazu brauchen sie aber die nötigen Informationen und Werkzeuge. Bereits sind nationale Modelle etwa für Mali, Malawi, Mosambik, Guyana und Bangladesch entwickelt worden; zurzeit in Bearbeitung sind Modelle für Senegal, Swasiland und für die Mongolei. Da jedes Land seine spezifischen Verhältnisse und Fragen hat, muss das Modell jeweils entsprechend angepasst werden. So interessierte sich Bangladesch speziell für die Bedürfnisse der Kinder, Guyana wollte ein Kosten-Nutzen-Modell für Reformen seiner Bauxit- und Zuckerindustrien, und Mali suchte eine nationale Strategie zur Armutsbekämpfung.

Für die Entwicklung der Ländermodelle arbeitet das MI eng mit den einzelnen Ministerien zusammen. In den verschiedenen Ämtern werden insgesamt bis zu 15 Leute für ein Training ausgewählt und vor Ort oder an der Universität Bergen in Norwegen (ebenfalls ein Partner des MI) ausgebildet. Nur wenn in den nationalen Behörden permanent Leute arbeiten, die das Modell im Detail verstehen und betreuen, kann ein langfristiger Nutzen erwartet werden.

Hans Herren verschweigt nicht, dass die Gilde der national ausgebildeten Experten auch Sorgen bereitet: «Die Leute, die wir in den Entwicklungsländern mit viel Aufwand ausbilden, wandern dank ihrem Spezialwissen nicht selten in lukrative Jobs zu den Banken oder zu sonstigen Firmen ab. So mussten wir in Malawi bereits dreimal neue Leute ausbilden. Wir sind deshalb dazu übergegangen, neben Regierungsleuten auch Vertreter von NGO, also Nichtregierungsorganisationen, mit dem Simulationsprogramm vertraut zu machen. Das hat zudem den Vorteil, dass nun die Regierungen nicht die alleinigen Planer sind, sondern einer gewissen Kontrolle durch NGO – die ja oftmals ihr Geld in die nationalen Projekte stecken – unterliegen.»

Dass ein solches Miteinander von Regierung und NGO in der Praxis funktioniert, zeigt das Beispiel Mosambik. Hier wollte die Regierung viel Geld in das Gesundheitswesen investieren. Eine von NGO zusammen mit den lokalen Universitäten durchgeführte T21-Simulation führte jedoch zur Einsicht, dass es besser wäre, mehr Geld in die Landwirtschaft und nicht in das Gesundheitswesen zu investieren. Ein Vorschlag, der trotz skeptischer Lokalpolitik schliesslich umgesetzt wurde. Mit Erfolg. Schon nach wenigen Jahren hatte sich die Ernährungssituation verbessert, die Bauern kamen zu Einkommen und können sich heute an den Gesundheitskosten beteiligen.

Neben den Ländermodellen entwickelt das MI auch Sektorenmodelle. So erstellte das Institut für die chinesische Regierung Simulationsprogramme für einzelne Industriesektoren, etwa den Zementsektor und den Stahlsektor, um deren Entwicklung im Rahmen der Gesamtwirtschaft besser zu verstehen. Mit einem Populationsmodell werden verschiedene Szenarien der Bevölkerungsdynamik untersucht. Mit einer wissenschaftlich soliden Prognose der Entwicklung des Milliardenvolkes können nun die Folgen politischer Entscheide, etwa eine Lockerung des Konzepts der Einkinderfamilie, zuverlässiger als bisher beurteilt werden. China findet diese Thematik enorm wichtig und gründete deshalb im Jahr 2010 zusammen mit dem MI in Peking ein Institut für Populationsforschung.

Über die nationalen Grenzen hinaus schaut auch das T21-Modell, welches das MI im Auftrag von einigen EU-Staaten (etwa England, Holland und Deutschland) nun für eine gesamte Region von 15 Ländern in Westafrika erstellt. Die Europäische Union hat erkannt, dass es für Fragen der Entwicklungszusammenarbeit, aber auch für eine wirtschaftliche Kooperation effizienter wäre, nicht jedes einzelne Land isoliert zu betrachten, sondern die zusammenhängende Region zu evaluieren. Bevor die EU mit einem Block wie Westafrika beispielsweise ein Wirtschaftsabkommen schliessen kann, müssen noch bestehende nationale Animositäten überwunden werden. So wissen das riesige Nigeria und das kleine Benin nicht, wie sie, anstatt sich gegenseitig wirtschaftlich zu bekämpfen, miteinander kooperieren könnten. Ein Simulationsmodell für Westafrika wird den einzelnen Ländern im Detail zeigen, wo und wie sie allenfalls von einer Kooperation profitieren. Dazu werden erst für alle 15 Nationen Länderprogramme gemacht. Aus den nationalen Parametern und Gleichungen wird dann das regionale Programm gebaut. Für das grosse Vorhaben werden zurzeit 120 Leute lokal ausgebildet.

Und nun das Weltmodell

Hans Herren möchte die regionalen Programme zu einem Weltmodell ausbauen: «Wir arbeiten zurzeit mit dem UNEP, dem Umweltprogramm der UN, an einem globalen Blick in die Welt der nächsten 50 Jahre. In elf Kapiteln sollen Sektoren wie Landwirtschaft, Stadtentwicklung, Industrien, Tourismus, Abfallbewirtschaftung auf globaler Skala modelliert werden. Dabei profitieren wir von bestehenden Sektorenprogrammen für China und für ein halbes Dutzend weiterer Länder. Wir nehmen diese Ergebnisse als Fallstudien und extrapolieren die Daten auf die Länder, von denen nicht genug Daten verfügbar sind.»

Das MI ist beim Entwickeln des Weltmodells für das Kapitel Landwirtschaft verantwortlich. Die andern Kapitel werden von externen Fachgruppen bearbeitet. Am Schluss werden alle Sektorenprogramme zu einer globalen Simulationssoftware zusammengenäht. Damit kann etwa studiert werden, wie man die braune Wirtschaft auf Grün umstellen könnte. Also ein Ersetzen von heute ökologisch schmutzigen Wirtschaftsformen auf ein naturschonendes und nachhaltiges Produzieren und Konsumieren.

Der Blick in die Kristallkugel der T21-Simulationen ist indes nicht den Regierungsstellen und weiteren Insidern vorbehalten. Das Millen nium Institute legt Wert auf möglichst grosse Transparenz und lässt auch das World Wide Web an seiner Arbeit teilhaben. Auf seiner Homepage www.millennium-institute.org kann unter «Resources» und «eLibrary» die Sparte «Models» aufgerufen werden, wo sich eine lange Liste von spezifischen T21-Modellen mit den entsprechenden Anleitungen findet.

So können Modelle für China, Mali oder Guinea, aber auch das North America Energy Model oder der Africa Environment Outlook heruntergeladen werden. Mit dem «run only»-Modell kann jedermann mit den verschiedenen Zukunftsoptionen spielen und experimentieren. Für die Version «research» mit sehr vielen zusätzlichen Optionen und Programmerweiterungen ist eine Lizenz des Instituts erforderlich. «Uns liegt sehr daran, dass das Denken in unterschiedlichen Szenarien auch einer breiten Öffentlichkeit nähergebracht wird. Es muss doch Spass machen, sich wie ein chinesischer Minister oder wie der Präsident von Mali zu fühlen und zu sagen: ‹Jetzt mache ich im Land dies oder das und sehe mal, was dabei herauskommen könnte›», macht Hans Herren Werbung für die MI-Produkte.

Hört man Herren von seinen Computermodellen schwärmen, stellt sich die Frage, wo seine lebenslange Liebe zu den Insekten geblieben ist. «Ja, ich vermisse meine Forschungstätigkeit als Entomologe und die Zusammenarbeit mit den afrikanischen Fachleuten und mit den Bauern zuweilen schon. Während ich in Afrika aber jahrzehntelang ‹bottom up›, also direkt an der Basis, für die Verbesserung der Lebensbedingungen der einfachen Leute tätig war, versuche ich nun, die Forschungserkenntnisse ‹top down›, das heisst auf dem obersten Level, bei den Regierungen und internationalen Organisationen in praktische Massnahmen umzusetzen. Geld und Macht haben wir am Millennium Institute zwar nicht. Wir leisten jedoch Überzeugungsarbeit und hoffen, die Mächtigen der Welt mit unsern fundierten Argumenten zu gewinnen.»

Richtungsweisender Weltagrarbericht

Plädoyer für einen nachhaltigen Landbau

Als hätte Hans Herren nicht schon genug Arbeit und internationale Verpflichtungen gehabt, stürzte er sich im Jahr 2002 in ein zusätzliches Abenteuer. Er übernahm zusammen mit der Kenianerin Judi Wakhungu, Professorin am African Centre for Technology Studies, die ehrenamtliche Leitung des International Assessment of Agricultural Knowledge, Science and Technology for Development, kurz IAASTD. Was recht sperrig klingt, ist ein gigantischer weltweiter Prozess der Bestandesaufnahme und Meinungsfindung zur Frage, wie Wissenschaft und Technologie die Landwirtschaft in den letzten 50 Jahren beeinflussten und in den kommenden 50 Jahren beeinflussen könnten.

Den Anstoss zu einem solchen Weltagrarrat gaben die Weltbank und die FAO (die UN-Organisation für Ernährung und Landwirtschaft mit Sitz in Rom). Ähnlich wie sich das Intergovernmental Panel on Climate Change (IPCC), der Weltklimarat, seit 1988 um eine globale Beurteilung der Risiken der globalen Erwärmung bemüht und entsprechende Strategien zur Vermeidung und Anpassung erarbeitet, wollte der Weltagrarrat klären, was Wissenschaft und Technologie zur Reduktion von Hunger und Armut, zur Verbesserung des Landlebens und der Gesundheit sowie für eine gesellschaftlich, wirtschaftlich und ökologisch nachhaltige Entwicklung beigetragen haben und künftig leisten könnten. Gesucht war also eine Antwort auf die existenziell wichtige Frage, wie die internationale Agrarforschung und die globale

Agrarpolitik neu ausgerichtet werden müssen, um die sozialen und ökologischen Herausforderungen für die Ernährung der Welt zu bewältigen.

Eine herkulische Aufgabe

Im Laufe des Jahres 2003 suchten Hans Herren und Judi Wakhungu weltweit den Kontakt mit verschiedensten Fachleuten und Interessengruppen, um eine Liste der möglichen Themen und Fragen zu erstellen. Über 900 Menschen aus 110 Ländern arbeiteten in dieser Vorbereitungsphase und später am Werk mit. Im September 2004 trafen sich in Nairobi, Kenia, Repräsentanten von 30 Regierungen und ebenso viele Vertreter von internationalen Organisationen, Nichtregierungsorganisationen, von Konsumentengruppen und aus der Industrie, um den Weltagrarrat offiziell zu lancieren. Finanziell getragen wurde das ambitiöse Vorhaben von der Weltbank, der FAO, mehreren UN-Organisationen (wie dem UN-Umweltprogramm und der UNESCO), aber auch von einem internationalen Fonds verschiedener Regierungen. Neben den USA, Kanada, Australien, Frankreich und England beteiligten sich auch kleinere Länder wie Irland, Schweden und die Schweiz sowie die EU an der Finanzierung.

Schliesslich machte sich eine Auswahl von 400 Experten aus aller Welt an die herkulische Arbeit. Auf der Liste der Experten findet man auch 17 Namen aus der Schweiz, darunter Vertreter der Universität Bern, der Schweizerischen Hochschule für Landwirtschaft in Zollikofen, der ETH, der EAWAG und des Forschungsinstituts für biologischen Landbau in Frick. Ziel des IAASTD waren ein globaler Gesamtbericht und fünf Teilberichte sowie ein Synthesebericht. Damit sollten den politischen und gesellschaftlichen Entscheidungsträgern konkrete Handlungsvorschläge geliefert werden. Als übergreifende Hauptthemen wählte man Bioenergie, Biotechnologie, Klimawandel, menschliche Gesundheit, Bewirtschaftung natürlicher Ressourcen, Handel und Märkte, traditionelles lokales Wissen sowie Frauen in der Landwirtschaft.

Nach vier Jahren harter Arbeit war der Weltagrarbericht fertig-gestellt. Er wurde im April 2008 im Rahmen einer internationalen Konferenz im südafrikanischen Johannesburg der Öffentlichkeit vor-gestellt. Über 60 Staaten begrüssten die Arbeit des Weltagrarrates und die Einzigartigkeit dieser unabhängigen multidisziplinären Meinungs-findung. Der Bericht erhielt den Status eines zwischenstaatlichen Kon-senses für eine Neuausrichtung der internationalen Agrarforschung. Australien, Kanada und die USA stimmten dem Bericht allerdings nicht zu; ihre Vorbehalte betrafen vor allem die Kritik an der Rolle des freien Handels. Auch hatten sich die Agrokonzerne Monsanto, Syngenta und BASF vorzeitig von der Mitarbeit am Bericht zurück-gezogen, weil nach ihrer Meinung die Themen der Biotechnologie und der Grünen Gentechnik zu einseitig und stark ideologisch angegangen wurden.

Für Hans Herren war die Leitung des IAASTD mit mehr als 20 in-ternationalen Meetings und zahllosen Diskussionen mit den einzelnen Experten in den Jahren 2004 bis 2008 und schliesslich die Redaktion des Syntheseberichts eine ziemliche Knochenarbeit: «Ich musste diese Aufgaben neben meiner Arbeit als Direktor des ICIPE in Kenia und später als Präsident des Millennium Institute erledigen. Da die Themen des Weltagrarberichts aber exakt auf der Linie meiner Arbeit an den beiden Instituten lagen, konnte ich mit gutem Gewissen einen Teil mei-ner Arbeitszeit für dieses globale Anliegen einsetzen. Die Gelegenheit, all meine bisherigen Interessen in eine politische Aktion auf höchster Ebene einzubringen, war eine einmalige Chance, die ich unbedingt nutzen wollte.»

2009 ist unter dem Namen «Agriculture at a Crossroads» (Landwirt-schaft am Scheideweg) der auch für ein breites Publikum bestimmte Synthesebericht des IAASTD erschienen. Er kann kostenlos aus dem Internet (auch in deutscher Übersetzung) heruntergeladen werden (Links bei Wikipedia unter dem Stichwort «Weltagrarbericht»). Aus der Fülle der Themen und konkreten Vorschläge im Folgenden eine Auswahl, wie sie Hans Herren im Gespräch erläuterte.

Hunger trotz Überfluss

Weltweit verhungern jährlich einige Millionen Menschen. Zur selben Zeit, als 2008 der Weltagrarbericht publiziert wurde, gab es in Ägypten, Haiti und in weiteren Ländern Unruhen und Proteste, weil die Nahrungsmittel knapp und die Preise stark gestiegen waren. Der Bericht kommt aber zum Ergebnis, dass es weltweit mehr als genug Nahrung gibt und auch die in 50 Jahren vermutlich um 2 bis 3 Milliarden Mäuler gewachsene Bevölkerung genug zu essen haben wird. Warum also müssen heute Menschen hungern?

Hans Herren liefert die Erklärung: «Ein Grossteil der Nahrungsmittel wird am falschen Ort und von den falschen Leuten produziert. In den Ländern des reichen Nordens werden im industriellen Massstab, subventioniert durch die Staaten und unter Einsatz enormer Mengen an Energie und Kunstdünger, grosse Überschüsse an Nahrungsmitteln produziert, die dann in den armen Süden fliessen. Dort konkurrenzieren die Importgüter die lokale Landwirtschaft. Mangels wirtschaftlichen Anreizes produziert der Bauer im Süden deshalb vor allem für den Eigenbedarf. Dadurch bleiben die Länder in Afrika von der Nahrungshilfe aus dem Norden abhängig. Und da sich viele landlose Menschen Lebensmittel oftmals nicht leisten können, leiden sie Hunger.»

Als Lösung schlägt der Agrarbericht vor, den Kleinbauern im Süden zu zeigen, wie sie kostengünstig und effizient produzieren können. Anstatt das importierte, teure Saatgut zu verwenden, soll der Bauer die alten Pflanzensorten, die bestens an die lokalen Gegebenheiten angepasst sind, anbauen. Auch sollen die Methoden des biologischen Landbaus angewendet werden, wodurch auf Kunstdünger und chemischen Pflanzenschutz weitgehend verzichtet werden kann. Genau wie es Hans Herren und seine Leute seit Jahrzehnten in Afrika erforschen und praktizieren, etwa mit der biologischen Schädlingsbekämpfung oder der Push-Pull-Methode im Maisanbau, die auf nachhaltige Weise drei- bis viermal höhere Erträge bringt.

Damit der Bauer im Süden von seiner Arbeit leben kann, müssten dort die landwirtschaftlichen Produkte mehr kosten. Diese Produkte kann sich die übrige Bevölkerung aber nur leisten, wenn das Volkseinkommen generell verbessert wird. Deshalb sollte der Norden, anstatt Nahrung in die Entwicklungsländer zu schicken, den armen Ländern helfen, Strassen, Eisenbahnen und verarbeitende Betriebe zu bauen. Länder wie die USA und Kanada bestehen indes auf dem freien Warenverkehr. Nach ihrer Meinung helfen die importierten billigen Nahrungsmittel den armen Ländern im Kampf gegen den Hunger. Und da in den grossen Städten der Entwicklungsländer viel Armut herrscht und eine unzufriedene Stadtbevölkerung rasch zu Aufruhr neigt, sind die lokalen Staatschefs durchaus froh um die Billigimporte.

Diese Sicht ist nach Meinung des Weltagrarberichts aber äusserst beschränkt. Um den Kleinbauern eine Entwicklungschance zu geben, sollten mindestens für eine gewisse Zeit die Preise der lokalen landwirtschaftlichen Produkte geschützt werden, wie es heute zahlreiche Industrieländer ebenfalls praktizieren. Wie wenig sich mancherorts die Regierungen im Süden um ihre Bauern kümmern, zeigt die Tatsache, dass die Bauern in Afrika zwar 40 Prozent des Bruttosozialprodukts erwirtschaften und damit 80 Prozent der Bevölkerung versorgen. Von den staatlichen Investitionen gehen aber weniger als 5 Prozent in die Förderung der Landwirtschaft.

Laut Weltagrarbericht ist der freie Welthandel generell schieflastig. Nach wie vor wird in Afrika viel mehr exportiert als importiert. Wir holen uns die wertvollen Rohstoffe zu Dumpingpreisen und schicken nachher den Afrikanern unsere teuren Fertigprodukte. So werden Abhängigkeit und Armut zementiert. In Kenia beispielsweise verfaulen vielerorts die Mangos unter den Bäumen. In den Supermärkten von Nairobi aber wird Mangosaft verkauft, dessen Konzentrat aus Pakistan stammt. Man müsste also in Kenia Fabriken für die Verarbeitung von Mangos bauen und mit der lokalen Wertschöpfung Arbeit und Wohlstand fördern.

Um die Welt adäquat zu ernähren, müsste auch die Verschwendung reduziert werden. Die Hälfte der produzierten Nahrungsmittel vergammelt bei der Lagerhaltung, auf dem Transport oder beim Konsumenten. Und dass eine wachsende Zahl von Menschen übergewichtig ist, ist ebenfalls eine Form von Verschwendung. Auch werden auf riesigen Agrarflächen anstatt Nahrungsmittel Biotreibstoffe produziert. Durch falsches Bewirtschaften der Böden gehen im Norden wie im Süden jedes Jahr Millionen von Hektaren fruchtbarer Boden verloren und auch die Wasservorkommen sind am Schwinden. Für eine Sicherung der künftigen Ernährung ist zudem eine Mässigung im Fleischkonsum nötig. Die Produktion von Fleisch ist bis zu tausendmal weniger effizient als diejenige von Brot. Die Getreidereserven sinken heute weltweit nicht zuletzt deshalb, weil es in Asien und in Südamerika den Leuten besser geht und sie mehr Fleisch essen als früher.

«Der Pflug ist eine dumme Erfindung»

Oftmals liegt das Heil in einer fast trivialen Änderung der herkömmlichen Bewirtschaftung. Als Beispiel nennt Hans Herren das Pflügen der Ackerböden: «Der Pflug ist eines der dümmsten Dinge, die der Mensch je erfunden hat. Man sollte Pflügen verbieten.» Diese doch überraschende Aussage ist begründet. Das mechanische Wenden des Bodens zerstört dessen natürlichen Aufbau. Die in tieferen Schichten lebenden Würmer, Insekten und Mikroorganismen kommen gewaltsam an die Oberfläche, wo sie von Vögeln gefressen oder durch Licht und Luft zerstört werden. Und die an das oberirdische Leben angepasste Fauna geht in der Tiefe zugrunde. Der durch den Pflug aufgebrochene Boden ist zudem sehr erosionsanfällig.

Der Pflug hat traditionellerweise den Zweck, Unkräuter unterzupflügen und so die nächste Saat zu schützen. Man kann Unkraut aber auch anders (und ohne chemische Mittel) bekämpfen. Es gibt einfache Geräte, die den Boden lediglich leicht auflockern und das von der Ernte übrig gebliebene Pflanzenmaterial mit etwas Erde bedecken. Dadurch bildet sich eine dünne Kompostschicht, die den Boden düngt und zugleich Unkraut unterdrückt. Gesät wird dann mit einer kleinen Maschine, die für die Aussaat lediglich schmale Furchen zieht. Auch sollten abwechselnd zum Getreide stickstoffproduzierende Bohnengewächse angepflanzt werden, was den Boden auf natürliche Weise düngt. Mit dem zusätzlichen Anbau von Futterpflanzen können Nutztiere ernährt werden und mit dem Mist lässt sich wiederum der Boden düngen.

Problematischer Fortschritt

Der Weltagrarbericht äussert sich auch zum Nutzen der Grünen Revolution und zur Bio- und Gentechnologie – laut Hans Herren eine heute eher problematische Geschichte: «Als Norman Borlaug vor 50 Jahren die Grüne Revolution lancierte, hatte dies durchaus seinen Sinn. Die Agroforschung machte grosse Fortschritte, und die neuen Hochleistungssorten brachten markant höhere Ernteerträge. Heute ist aber die Zeit für eine differenziertere Beurteilung gekommen. Man soll das Gute der Grünen Revolution bewahren, das Schädliche aber über Bord werfen. Das von der FAO verkündete Credo, zur Bekämpfung des Hungers in der Welt brauche es die Hochleistungssorten, die Agrochemie und die Gentechnik, ist unbegründet. So hat Indien eine enorme Zahl von unterernährten Kindern, produziert aber Weizen für den Export. Hunger ist ein gesellschaftliches und nicht ein agrarwirtschaftliches Problem.»

Hochleistungssorten und gentechnisch veränderte Nutzpflanzen haben bisher nur den Grossbauern und den reichen Ländern genützt. Es kann damit auf riesigen Farmen effizienter gearbeitet und produziert werden. Dadurch sind die Preise für landwirtschaftliche Güter auf dem Weltmarkt gesunken. Eine Entwicklung, die jedoch für den Kleinbauern in den Entwicklungsländern verheerend ist. Denn dort braucht es angesichts der vielen arbeitslosen Menschen mehr und nicht weniger Arbeit und für die Existenz der Bauern höhere, nicht tiefere Preise. Wenn in der Dritten Welt der Kleinbauer auch noch für Agrochemikalien und Saatgut bezahlen muss, wird seine Betriebsrechnung zusätzlich belastet.

Die industrialisierte Landwirtschaft hat auch einen ökologischen Pferdefuss. Die schweren Maschinen, der Kunstdünger und der chemische Pflanzenschutz sind sehr energieintensiv. Sie belasten die Böden, die Gewässer und die Atmosphäre. Sie verdichten den Boden und verursachen Erosion. Um auch noch in 50 Jahren auf unserem Planeten leben zu können, braucht es eine nachhaltige und ökologische Landwirtschaft. Für die Länder im Norden wie für den Süden. Wenn nun die noch rückständigen Länder mit ihrer riesigen Bevölkerung ebenfalls mit den Segnungen der industrialisierten Landwirtschaft «entwickelt» werden, ist die ökologische und soziale Katastrophe programmiert.

Hans Herren nennt ein Beispiel aus dem Reisanbau, wie man durch eine veränderte Anbaupraxis auch ohne Hochleistungssorten zu sehr viel besseren Erträgen kommen kann: Das Internationale Reisforschungsinstitut (IRRI) auf den Philippinen entwickelt seit 50 Jahren neue Reissorten. Mit kürzeren Halmen und enger gepflanzt, bringen sie einen wesentlich höheren Ertrag als die alten Sorten. Der Mehrertrag ist aber vor allem Stärke und Wasser und nicht Proteine, Vitamine und Mineralien, wie sie in den alten Landsorten reichlich vorhanden sind.

Wie man mit den Landsorten den Ertrag ebenfalls enorm steigern kann und dies auf ökologisch nachhaltige Weise, hat 1983 der Jesuit Henri de Laulanie auf Madagaskar gezeigt: Anstatt wie üblich den jungen Reis nach 50 Tagen ins geflutete Feld zu verpflanzen, tut man dies schon nach 9 Tagen. Im Gegensatz zum herkömmlichen, engen Anbau pflanzt man die Setzlinge aber weit auseinander, in Anbetracht der sehr kleinen und fragilen Pflänzchen eine heikle Arbeit. Der Ertrag ist phänomenal. Da die Pflanzen sich nicht gegenseitig konkurrenzieren, entwickeln sie ein mächtiges Wurzelwerk. Jede ausgewachsene Reispflanze hat nun 150 Halme statt nur 5. Aus einem einzigen Samenkorn werden also dreissigmal mehr reistragende Halme als bisher.

Die als «System of Rice Intensification» (SRI) weiterentwickelte Methode wird mittlerweile auch von den Regierungen der grossen Reisproduzenten China, Indien und Indonesien unterstützt und verbreitet. In Indien ist das Konzept bereits auf den Anbau von Weizen, Hirse und Zuckerrohr übertragen worden. Und in Äthiopien profitiert Teff von der SRI. Teff *(Eragrostis tef)* ist eine Zwerghirse mit sehr kleinen Samenkörnern. Das uralte Kulturgetreide gehört in Äthiopien zu den wichtigsten Grundnahrungsmitteln. Aus dem Mehl wird das brotartige Nationalgericht Injera gemacht. Dank seinem hohen Eisen- und Kalziumgehalt und weil Teff kein Gluten enthält, wird das Getreide heute auch in Holland und Deutschland angebaut. Versuche in Äthiopien, Teff mit der SRI-Methode anzubauen, haben bereits nach der ersten Saison eine Ertragssteigerung von einer Tonne pro Hektar auf drei Tonnen pro Hektar gebracht.

Benachteiligte Frauenarbeit

Der Weltagrarbericht behandelt als wichtigen Teilaspekt die Rolle der Frauen in der Landwirtschaft. Hans Herren kennt das Problem aus eigener Erfahrung: «Wo immer ich auf meinen vielen Reisen auf dem Schwarzen Kontinent hinkam, sah ich auf den Äckern die Frauen arbeiten. Und Frauen melken die Kühe und Ziegen, sie stampfen das Mehl, sie arbeiten im Gemüsegarten. Die Frauen besorgen fast alleine die Landwirtschaft.»

Der Bericht des IAASTD hat diese Beobachtung nicht nur für Afrika, sondern für die ganze Welt wissenschaftlich untermauert: Die Frauen spielen auf den Familienbauernhöfen eine enorm wichtige Rolle. Der Anteil der Frauenarbeit reicht von 20 bis 70 Prozent. Es gibt also Regionen, wo es zu 70 Prozent den Frauen zu verdanken ist, dass überhaupt Nahrung produziert wird.

Vor allem in den Entwicklungsländern zahlen die Frauen für ihren Einsatz jedoch einen hohen Preis. Die körperlich schwere Feldarbeit, das Schleppen von Wasser und Holz macht die Frauen oftmals schwach und krank. Da sie schon in jungen Jahren viel arbeiten müssen, können sie nicht zur Schule gehen und sind entsprechend schlecht ausgebildet. Trotz der enormen Arbeitslast haben die Frauen meist nur ein sehr kleines Einkommen, denn die wirtschaftliche und soziale Macht liegt nach wie vor bei den Männern.

Der Weltagrarbericht kommt zum Schluss, dass diese Ungerechtigkeit nicht bestehen bleiben darf. Die wissenschaftlichen Experten fordern die Staaten dazu auf, die wichtige Rolle der Frauen anzuerkennen.

Die Situation liesse sich etwa durch entsprechende Gesetze, aber auch durch eine angepasste Mechanisierung der Landwirtschaft verbessern.

Hans Herren sieht viele Wege, wie den Frauen geholfen werden könnte: «Die Regierungen müssen dazu bewegt werden, den Frauen einen gleichwertigen Zugang zu Ausbildung und Besitz zu garantieren. Da man sich auf die Politik aber nur begrenzt verlassen kann, sind es vor allem die NGO und gemeinnützigen Organisationen wie die Stiftung Biovision, die ein Umdenken in Gang bringen können.»

So sollten Frauen Zugang zu Informationen über biologischen Landbau und zu den wissenschaftlichen Erkenntnissen über Pflanzen, Tiere und die Gesundheit haben. Technische Hilfsmittel, aber auch die Möglichkeit, Kleinkredite aufzunehmen, sind weitere Verbesserungen. Und vor allem sollen die Frauen für ihre Arbeit korrekt entlöhnt werden. Laut Herren kann die Gesellschaft auch viel von den Frauen lernen. Denn das praktische Wissen über die Landwirtschaft liegt nicht bei den herrschenden Männern, sondern bei den arbeitenden Frauen. Wer verstehen will, wie in Afrika und andern Entwicklungsregionen die Landwirtschaft auf den Kleinbauernhöfen funktioniert und wie sie verbessert werden könnte, muss die Frauen fragen.

Wie weiter?

Nun, da der Weltagrarbericht auf dem Tisch liegt, muss verhindert werden, dass er in den Schubladen verschwindet. Hans Herren reist unermüdlich um die Welt, um Regierungsvertretern den Bericht zu erläutern und sie für die nötigen Massnahmen zu motivieren. Wichtig ist auch der Dialog mit den Verantwortlichen der Agrarforschung. Denn die Landwirtschaft ist stark ortsgebunden, und es gibt keine globalen Patentlösungen. Die spezifischen Gegebenheiten müssen deshalb weiter erforscht und der vom Bericht vorgeschlagene Weg einer nachhaltigen Landwirtschaft muss den lokalen Bedingungen angepasst werden. Dazu ist nicht zuletzt der Bauer selbst in die Forschung einzubeziehen, denn nur er entscheidet schliesslich mit seiner Arbeit, ob ein neues landwirtschaftliches Konzept auch funktioniert.

Hans Herren hat seit 2008 mehr als 250 Referate zum Weltagrarbericht gehalten. Für die Umsetzung werben auch die 400 Experten, die denn Agrarbericht wissenschaftlich betreuten. Sie reisen zu den regionalen und nationalen Meetings der landwirtschaftlichen Forschung und erläutern die Details ihres Fachgebiets. Als grosses Problem sieht Herren aber den Umstand, dass sich nach der Veröffentlichung des Berichts das IAASTD, der Weltagrarrat, aufgelöst hat. So steht Hans Herren mit dem agrarwissenschaftlichen Jahrhundertwerk praktisch allein auf weiter Flur. Er koordiniert den Einsatz der Experten und sucht Geld, um die Leute an die verschiedenen Meetings zu bringen. Immerhin besteht heute zwischen der FAO und dem Millennium Institute ein Vertrag, der die Umsetzung des Weltagrarberichts fördert.

Hans Herren hat eine Vision: «Dringend nötig wäre ein vollamtliches Sekretariat, um der weiteren Arbeit eine gewisse Kontinuität zu geben. Wie das IPCC, der Weltklimarat, sollte auch das IAASTD zu einem ständigen Büro werden, wo alle paar Jahre durch Nachfolgekonferenzen ermittelt wird, wieweit die Umsetzung der Empfehlungen gediehen sind und wo Anpassungen oder neue Ideen nötig wären. Dazu brauchen wir eine feste Heimat.» Denkbar wäre etwa ein Gastrecht bei der UNCTAD, der UN-Konferenz für Handel und Entwicklung mit Sitz in Genf. Ziel dieser Organisation ist die Förderung des Handels zwischen Industrieländern und Entwicklungsländern sowie eine bessere Verständigung von Nord und Süd, wobei auch landwirtschaftliche Fragen dazugehören. Als festes Büro für den Weltagrarrat stehen auch UN-Organisationen wie die FAO (Ernährungs- und Landwirtschaftsorganisation), das UNEP (Umweltprogramm) oder das UNDP (Entwicklungsprogramm) zur Diskussion. Oder eine der privaten Institutionen und Nichtregierungsorganisationen, die am Weltagrarbericht mitgearbeitet haben.

Ein Haus im Weinberg

Hans Rudolf Herren ist heute fast ununterbrochen in verschiedener Mission unterwegs. Als Präsident des Millennium Institute verhandelt er in Peking den Vertrag für ein neues Sektormodell. Drei Tage später sitzt er in Nairobi, um im Namen der Biovision am ICIPE eine neue Malariakampagne zu starten. Nach weiteren vier Tagen erwartet ihn in Zürich die Biovision für eine Vorstandssitzung. Auf dem Weg von Nairobi nach Zürich schaltet er am Wochenende einen Zwischenstopp in Rom ein, um seine Frau Barbara, die dort bei der FAO arbeitet, wenigstens kurz zu sehen. Vielleicht liegt in der Schweiz auch ein Besuch bei seiner Mutter in Monthey drin. Aber schon am Mittwoch muss er in Brüssel sein, um dort an der Universität einen Vortrag zum Weltagrarbericht zu halten.

Etwas verschämt gesteht Hans Herren, dass er pro Jahr über 300 000 Meilen fliege und mittlerweile Meilenmillionär sei. «Natürlich ist dies nicht sehr umweltfreundlich, und ich bin mir meiner Sünden durchaus bewusst. Ich weiss aber aus Erfahrung, dass ein Anliegen meist mehr Erfolg hat, wenn man den Gesprächspartner nicht nur am Telefon hat oder per E-Mail kontaktiert, sondern ihm in die Augen schauen kann. So ist für mich die Herumfliegerei der Preis für ein effizientes Verhandeln und Geschäften.»

Neben dem hektischen Arbeitsleben hat Hans Herren doch auch sein privates Leben. Als Barbara in den Jahren 1992 bis 1994 mit den

Kindern in Kalifornien weilte, benutzte die Familie Herren die Gelegenheit, um sich im Capay Valley ein neues Heim zu schaffen. Das kleine Tal liegt östlich des Napa Valley. In diesem Naturparadies lebt ein halbes Dutzend Biobauern, die vor allem Gemüse für die Märkte von San Francisco produzieren.

Herren hat auf seinem Grundstück eine Hektare Reben gepflanzt und produziert nun Biowein. Aus den Traubensorten Syrah, Mourvèdre und Grenache kellert er einen Cuvée und nennt ihn stolz «Herren Vineyard». Sein Nachbar, Rich Rominger (die Familie hat Schweizer Wurzeln), war unter Präsident Clinton Stellvertretender Landwirtschaftsminister. Rominger betreibt eine grosse Farm und produziert neben Reis, Alfalfa und Tomaten ebenfalls Wein. «Rich macht auf seinen 20 Hektaren Rebland Cabernet Sauvignon wie die meisten kalifornischen Winzer. Ich wollte aber etwas Spezielles machen und entschied mich deshalb für die alten Sorten aus Südfrankreich. Heute interessiert sich Rich für meinen Bioweinbau, und ich werde ihm bei der Umstellung helfen», beschreibt Herren den nachbarlichen Kontakt. Zur Verarbeitung ihrer Trauben gründeten Rominger und Herren eine gemeinsame Kellerei. Da Herren eher selten in Kalifornien ist, schaut meist Rominger zu den Reben. Nach seiner Pensionierung – er hoffe, es werde in ein paar Jährchen so weit sein – werde er auf seinem übrigen Land auch noch mit weissen Trauben experimentieren, freut sich der Hobbywinzer Herren.

An Weihnachten, Ostern und in den Sommerferien weilt die Familie Herren jeweils im Capay Valley, ausser wenn dem Global Player andere Termine dazwischenkommen oder die Kinder über die Festtage unbedingt zurück nach Afrika wollen. Barbara Herren lebt in Rom. Sie ist bei der FAO für ein globales Programm zum Thema pflanzenbefruchtende Insekten verantwortlich. Wie Hans ist sie ebenfalls viel unterwegs und betreut Programme in Südamerika, Afrika und Asien.

Aus den Kindern sind mittlerweile Twens geworden. An ihren Interessen erkennt man durchaus die väterliche Welt. Gisèle studiert im schottischen Edinburg Biologie und möchte sich auf Pflanzenpathologie spezialisieren. Jeremy interessiert sich für die biologische Grundlagenforschung, besonders für die Evolution des Immunsystems. Nach zwei Masterstudien im britischen Oxford und in Rochester, USA, schreibt er nun zurzeit an der ETH Lausanne an seiner Doktorarbeit. Und Matthew, der älteste Sohn, steht in Zürich bereits fest im Berufsleben. Zusammen mit andern jungen Computercracks entwickelte er eine Software, mit der am Computer, Tablet oder Smartphone auf einfache Weise Lernmaterial dargestellt und genutzt werden kann. Nach einem erfolgreichen Testbetrieb in einer kleinen afrikanischen Schule am Victoriasee wurde die Software mit Unterstützung der Biovision und weiterer privater Investoren optimiert und von der Firma BlankPage (früher EduVision) international lanciert.

Vor einigen Jahren ist die Organisation One Laptop per Child (OLPC) auf die Lernsoftware aufmerksam geworden. OLPC fördert die Produktion extrem billiger Computer, die auch für Menschen in den Entwicklungsländern erschwinglich sind. Zurzeit läuft in den Schulen von Äthiopien ein Grossversuch, der mit Billiglaptop und Software von BlankPage die Schüler über Biologie, Geschichte und Literatur, aber auch über Landwirtschaft, Aids und Malaria informiert. «Genau das, was ich mir schon immer erträumt habe», meint Herren strahlend zum Lernprojekt. «Denn für die armen Länder in Afrika und andern Entwicklungsregionen gibt es Hoffnung für eine bessere Zukunft, wenn es gelingt, bereits die Kinder mit den nötigen Informationen und Technologien vertraut zu machen.»

Biografische Zeittabelle

1947 Am 30. November kommt Hans Rudolf Herren als Sohn von Emil und Emma Herren auf die Welt. Bürger von Mühleberg, Bern. Jugendjahre in Vouvry, Wallis, zusammen mit drei Schwestern.

1963–1964 Ausbildung zum diplomierten Landwirt an der Walliser Landwirtschaftsschule Châteauneuf.

1964–1968 Gymnasium am Humboldtianum Bern mit bestandener Aufnahmeprüfung an die ETH Zürich.

1968 Heirat mit Eliane Daven aus Aigle.

1969–1973 Studium an der ETH Zürich. Abschluss als diplomierter Agraringenieur mit Hauptfach Pflanzenschutz und Nebenfach Pflanzenzüchtung.

1973–1977 Doktorand an der ETH Zürich und im Forschungslabor Zuoz mit Vittorio Delucchi als Doktorvater und Werner Baltensweiler als zusätzlichem Betreuer. Dissertation über die biologische Schädlingsbekämpfung des Grauen Lärchenwicklers.

1977–1979 Postdoc bei Robert van den Bosch an der University of California in Berkeley. Forschungsarbeiten auf dem Gebiet der biologischen Schädlingsbekämpfung mit Schwerpunkt Hyperparasiten sowie Entwicklung von Modellen für Populationsdynamik.

1979–1991 Direktor Biological Control Program am International Institute of Tropical Agriculture (IITA) in Ibadan, Nigeria, und Cotonou, Benin.

1979–1992 Unter der Leitung von Herren wird die schädliche Maniokschmierlaus durch Freisetzen von 1,6 Millionen gezüchteter Schlupfwespen unter Kontrolle gebracht, was 200 Millionen Menschen in Afrika ihre wichtigste Nahrungsquelle rettet.

1981 Heirat mit Barbara Gemmill aus Kalifornien.

1983–1988 Geburt von Matthew, Jeremy und Gisèle.

1986 Kauf eines Grundstücks im Capay Valley, Kalifornien. Bau eines Hauses (1993/94) und Pflanzen von Reben (2000).

1991 Verleihung des «Sir and Lady Rank Prize for Nutrition» in London.

1992–1994 Direktor Plant Health Management Division (mit dem Biological Control Program als Teil dieser Division) am IITA, Nigeria.

1994–2005 Generaldirektor am International Centre of Insect Physiology and Ecology (ICIPE) in Nairobi, Kenia.

1995 Verleihung des «Kilby Award» im Mai in Dallas, Texas.

1995 Verleihung des «World Food Prize» (Welternährungspreis) am 16. Oktober in Des Moines, Iowa.

1998 Hans Herren gründet den «Verein BioVision» in Zürich, zusammen mit Andreas Schriber, Jürg Weber und Mathis Zimmermann.

1999 Aufnahme in die U. S. National Academy of Sciences.

2002 Verleihung des Dr.-J.-E.-Brandenberger-Preises in Zürich.

2002–2008 Leitung des International Assessment of Agricultural Knowledge, Science and Technology for Development (IAASTD), zusammen mit Judi Wakhungu aus Kenia.

2003 Verleihung des «Tyler Prize for Environmental Achievement» in Los Angeles.

2003 Gründung der «Stiftung Bio Vision» mit Hans Herren als Präsident des Stiftungsrates, 2010 in «Biovision – Stiftung für ökologische Entwicklung» umbenannt.

2005 Präsident des Millennium Institute in Arlington bei Washington D. C.

2005 Aufnahme in die Academy of Sciences for the Developing World (TWAS).

2010 Verleihung des «One World Award» in Legau, Deutschland.

Literatur, Quellen und Links

Baltensweiler, Werner, and Fischlin, Andreas (1988): The Larch Budmoth in the Alps. In: Dynamics of Forest Insect Populations. Plenum Publishing Corporation, New York.

Biovision (2008): Hilfe zur Selbsthilfe. DVD, Biovision, Zürich.

Cabesi (2009): Wild Silk Development in the North Rift Region of Kenya. ICIPE, Nairobi, Kenya.

Catrina, Werner (1973): Das Millionenvolk der Lärchenwickler. Neue Zürcher Zeitung, 12. August 1973.

Herren, Hans Rudolf (1977): Le rôle des eulophides dans la gradation de la tordeuse grise du mélèze, Zeiraphera diniana en Haute-Engadine. Dissertation ETH Zürich.

IAASTD (2009): Agriculture at a Crossroads. Synthesis Report. Island Press, Washington D. C.

Neuenschwander, Peter, Borgemeister, Christian, and Langewald, Jürgen (editors), (2003): Biological Control in IPM Systems in Africa. CAB International, Oxon, UK.

Schnyder, Franz A. (2008): Muzungu. Film über das Project «The Organic Farmer». Erhältlich als DVD «TOF – The Organic Farmer» bei Biovision, Zürich.

Van den Bosch, Robert (1978): The Pesticide Conspiracy. Doubleday, New York.

Links im Internet (www.):
biovision.ch
icipe.org
iita.org
infonet-biovision.org
millennium-institute.org
organicfarmermagazine.org
worldfoodprize.org

Bildnachweis

Biovision, Stiftung für ökologische Entwicklung, Zürich; Bilder von Peter Lüthi, Andreas Schriber, Verena Albertin und Flurina Wartmann: Seiten 126, 127, 128, 129 unten, 131, 132, 133, 134.

Cerutti, Lorenzo, Stäfa: Seite 184.

Fecker, Beat, Swiss Federal Research Institute WSL, Birmensdorf: Seite 50 oben.

Fischlin, Andreas, Institute of Integrative Biology, ETH Zürich: Seite 52 unten.

Herren, Hans Rudolf, Arlington (Privatarchiv): Seiten 49, 51, 52 oben, 53, 54, 55 unten, 56, 57, 58, 59, 60, 61, 62, 63, 121, 122, 123, 124, 136.

International Institute of Tropical Agriculture, Ibadan, Nigeria: Seite 55 oben.

Schmid, Roland, Basel: Seite 135 unten.

Sonderegger, Christof, Rheineck: Seite 129 oben, 130, 135 oben.

Wartmann, Flurina, Stiftung Biovision, Zürich: Karten auf den Seiten 64 und 125. Karte Seite 64 nach Neuenschwander, Peter: Biological Control of Cassava and Mango Mealybugs in Africa. In: Biological Control in IPM Systems in Africa. CAB International, Oxon, UK.

Wermelinger, Beat, Swiss Federal Research Institute WSL, Birmensdorf: Seite 50 unten.

Eine Zukunft für alle, natürlich

Die von Hans Rudolf Herren gegründete Stiftung Biovision fördert die Entwicklung, Verbreitung und Anwendung ökologischer Methoden, mit denen sich Menschen in Afrika selber helfen können, ohne die natürlichen Lebensgrundlagen zu zerstören.

Biovision – Stiftung für ökologische Entwicklung
Schaffhauserstrasse 18, 8006 Zürich, Tel. +41 44 341 97 18, info@biovision.ch, www.biovision.ch

Hilfe zur Selbsthilfe – helfen auch Sie! Spendenkonto PC 87-193093-4

Der Autor

Herbert Cerutti hat sich mit seinen Reportagen und Büchern aus der Welt der Wissenschaft und Technik international einen Namen gemacht. Er wurde mit dem Georg von Holtzbrinck Preis für Wissenschaftsjournalismus sowie zweimal mit dem Zürcher Journalistenpreis ausgezeichnet. Cerutti war von 1975 bis 2003 Wissenschaftsredaktor bei der «Neuen Zürcher Zeitung» und ist heute freischaffender Publizist. Er lebt in Wolfhausen bei Zürich.